SANDWICH, TOAST & CO.

Das Beste aus der ganzen Welt

ABKÜRZUNGEN

EL	Esslöffel	g	Gramm	geh.	gehäuft
TL	Teelöffel	l	Liter	Msp.	Messerspitze
Min.	Minute	ml	Milliliter	Bd.	Bund
Std.	Stunde	cm	Zentimeter	TK	Tiefkühl...
kg	Kilogramm	gestr.	gestrichen	Abb.	Abbildung

Impressum

compact via ist ein Imprint der Compact Verlag GmbH

© Compact Verlag GmbH
Baierbrunner Straße 27, 81379 München
Ausgabe 2016

Alle Rechte vorbehalten. Nachdruck, auch auszugsweise,
nur mit ausdrücklicher Genehmigung des Verlages gestattet.
Alle Angaben wurden sorgfältig recherchiert, eine Garantie
kann jedoch nicht übernommen werden.

Einleitungstext: Frank Müller
Redaktionsleitung: Isabel Martins
Produktion: Ute Hausleiter
Abbildungen: siehe Bildnachweis S. 144
Titelabbildungen: StockFood (Sandwich), shutterstock.de/Szantai Istvan (Hintergrund)
Gestaltung: PER MEDIEN & MARKETING GmbH, Braunschweig
Umschlaggestaltung: red.sign GbR, Stuttgart

ISBN 978-3-8174-1238-9
381741238/1

www.compactverlag.de

INHALT

SANDWICH & CO. – SO SCHMECKT BELEGTES BROT HEUTE
4

BASICS
15

KLASSIKER AUS DER GANZEN WELT
33

VEGETARISCH & VEGAN
61

MIT FISCH & CO.
87

MIT FLEISCH & CO.
113

REGISTER
143

SANDWICH & CO.
SO SCHMECKT BELEGTES BROT HEUTE

Was für ein Comeback! Lange Zeit galten Wurstbrot und Toast Hawaii als Inbegriff einer biederen Hausmannskost made in Germany der Nachkriegszeit. Doch seit einigen Jahren erobern raffinierte Sandwiches, Toasts & Co. Szenekneipen und Street-Food-Märkte im Sturm. Dabei waren diese praktischen wie facettenreichen Snacks nie wirklich weg.

Nicht nur die Gastronomie hat erkannt, dass in den unterschiedlichsten Varianten belegtes Brot geniales Fingerfood ist. Denn was könnte es auf Reisen, für ein sommerliches Picknick oder als leichten Sattmacher für die Mittagspause Praktischeres geben als ein zu Hause vorbereitetes Sandwich?

Und das ist noch lange nicht alles! Denn auch für Gäste und vielfältige Buffets lässt sich immer wieder etwas Tolles zwischen die Scheiben zaubern. Das kann mal etwas ganz Schnelles und Unkompliziertes sein und mal etwas Ausgefallenes und Exotisches.

Selbst Kochunerfahrene können im Handumdrehen und stressfrei Gäste mit leckeren wie auch ausgefallenen Kreationen bewirten, die eine wirklich gelungene Abwechslung zu Chili con Carne und Gulaschsuppe sind.

VON GLÜCKSSPIELENDEN LORDS UND DEUTSCHEN EMIGRANTEN

Dabei hatte der Erfinder des Sandwiches – glaubt man der Legende – ganz anderes im Sinn, als er sich das erste Sandwich der Geschichte zubereiten ließ. Und ihm ganz nebenbei auch seinen Namen vermachte: John Montagu, 4. Earl of Sandwich, war nicht nur ein britischer Diplomat und Staatsmann, sondern auch ein passionierter Kartenspieler. Als er eines Tages wieder einmal seiner Sucht frönte, plagte ihn die Frage, wie er Stunden am Spieltisch verbringen konnte, ohne einen knurrenden Magen zu bekommen. Denn mit Messer und Gabel in der Hand spielte es sich schlecht. Und so machte der Adlige aus der Not eine Tugend und ließ sich Braten und andere edle Zutaten zwischen zwei Toastscheiben legen. Dieses „Sandwich" konnte er mit einer Hand essen, während er die Karten in der anderen hielt.

Schnell machte die kulinarische Erfindung Schule. Und bereits im 19. Jahrhundert war das Sandwich nicht mehr aus der britischen Teekultur wegzudenken. Zur Vollendung gebracht wurde das Sandwich allerdings in der Neuen Welt, denn hier entstanden mit der Zeit wahre Klassiker: beispielsweise das New Yorker Reuben-Sandwich, der Po Boy aus Louisiana, die Torta in Mexiko oder Muffuletta, ein aus New Orleans stammender, üppig belegter Snack mit Wurst wie Salami, Coppa oder Mortadella sowie mit Provolone und würzig mariniertem Olivensalat.

Um die Entstehung des wahrscheinlich berühmtesten Sandwiches – des Club Sandwiches – ranken sich gleich mehrere Geschichten. Die eine will wissen, dass ein namentlich nicht bekannter Zecher nach einer durchfeierten Nacht die Reste aus dem Kühlschrank auf seinen Toast schichtete. Begeistert von seiner spontanen Kreation schwärmte er davon am nächsten Tag in seinem Stammschuppen, dem Saratoga Gambling Club. Dessen Besitzer erkannte das Potenzial und schon bald stand das „Club Sandwich" mit Hühnchenbrust, Speck, Tomaten, Salatblättern und Mayonnaise auf seiner Speisekarte. Seinen Namen verdankt dieses Sandwich aber möglicherweise auch der Tatsache, dass es Anfang des 20. Jahrhunderts die Mitglieder der exklusiven englischen Country Clubs begeisterte.

Ein weiterer großer amerikanischer Klassiker, der Hotdog, ist hingegen wohl in Wirklichkeit Mitte des 19. Jahrhunderts in Deutschland erfunden worden: Als dessen Vater

```
Sogar König
Edward VII.
soll ein großer
Fan des Club
Sandwiches
gewesen sein.
```

gilt der Metzger Johann Georg Hehner, der in Frankfurt am Main tätig war. Und schon bald schwappte das Frankfurter Würstchen im Weißbrot über den großen Teich, denn bereits 1867 eröffnete der deutsche Migrant Charles Feltman auf Coney Island die erste Imbissbude mit dem „Heißen Hund". Woher der Name kommt, ist übrigens nicht eindeutig geklärt. Vielleicht weckten „wurstförmige Hunde" – Dackel –, die sich deutschstämmige Metzger in den USA gern hielten, entsprechende Assoziationen.

Und was hat der Hamburger mit Hamburg zu tun? Tatsächlich scheinen die Ursprünge des Hacksteaks zwischen zwei Brötchenhälften in der Hansestadt zu liegen. Eine von mehreren Theorien besagt jedenfalls, dass das „Rundstück warm", bei dem ein warmes Bratenstück zwischen zwei Brotscheiben gelegt und mit Bratensoße übergossen wird, der Vorläufer des heute so beliebten Hamburgers ist. 1842 tauchte dann das „Steak nach Hamburger Art" in einem US-amerikanischen Kochbuch auf. Und bereits 1904 wurde der Hamburger aus Brötchen, Hacksteak, Senf und Zwiebeln auf der Weltausstellung in St. Louis schon rege nachgefragt.

EINE WELTWEITE ERFOLGSGESCHICHTE

Belegte Brote erfreuen sich also nicht erst seit dem Aufkommen des Street-Food-Booms großer Beliebtheit. Im Pariser Grand Café etwa wurde 1910 der erste Croque Monsieur serviert, der bis heute zu den Evergreens in französischen Bistros zählt. Um seinem Namen gerecht zu werden, muss der Croque schön knusprig sein. Ob der würzige Käse und der Schinken hierfür zwischen einem Baguette oder zwischen Toastscheiben landen, ist Geschmackssache.

Apropos „zwischen" – das bedeutet der Begriff „Tramezzino", das 1925 im Turiner Caffè Mulassano erstmals auf den Tisch kam. Man wählte wohl den italienischen Namen, um den Italienern die Aussprache des englischen Wortes „Sandwich" zu ersparen. Im Unterschied zu diesem werden Tramezzini generell aus Weißbrot ohne Kruste zubereitet. Und auch der Belag – z. B. Parmaschinken, Ricotta und getrocknete Tomaten oder auch Thunfisch – ist eindeutig mediterran inspiriert. Einmal quer über die Seealpen liegt die Heimat des Pan Bagnat, des „gebadeten Brotes", das – nomen est omen – dank des Nizzasalats als Belag erst richtig gut schmeckt, wenn das Brot ein wenig durchgeweicht ist.

Wer nun aber meint, belegte Brote seien eine westliche Erfindung, wird von der Bandbreite orientalischer und asiatischer Kreationen überrascht sein. Besonders beliebt sind die unterschiedlichsten Pita- und Fladenbrote, die zu Taschen geöffnet und, ganz besonders beliebt, mit Fleisch vom Grillspieß oder mit Falafeln gefüllt zwei Snacks erge-

ben, die längst die Welt erobert haben. Dabei ist der Döner Kebab wohl nicht wie oft behauptet eine Berliner Erfindung. Denn in Anatolien wurden wahrscheinlich schon im 19. Jahrhundert die ersten Vorgängerformen des Döner Kebabs zubereitet, der dann um 1940 auch Istanbul erreicht hatte. Von türkischen Einwanderern importiert, trat der „Döner" dann ab den 1970er-Jahren von Berlin aus seinen Siegeszug in Europa an.

Deutlich weiter im Osten hat das Gua Bao seinen Ursprung. Der so facettenreiche „taiwanesische Burger" besteht aus watteweichen, in Dampf gegarten Hefe-Buns, die nach Belieben gefüllt werden

können, ganz klassisch natürlich mit deftigen und asiatisch gewürzten Fleischgerichten wie krossem Schweinebauch. Fernöstliche Aromen mit europäischer Brottradition verbindet das Bánh mì, eine Spezialität aus Vietnam, die es ebenfalls in vielerlei Varianten gibt. So sorgen beispielsweise Limettensaft, Zitronengras und Koriander für Frische, Sambal Oelek und frische Chili für feurige Schärfe und Fischsoße für einen Schuss exotische Würze.

Ist das alles? Sicher nicht! Der Street-Food-Boom und die Veränderung der Esskultur in vielen Ländern haben dem wandlungsfähigen Snack neuen Schwung verliehen. Ob vegetarisch und vegan, mit Meeresfrüchten oder Fleisch – Ihrer Kreativität sind keine Grenzen gesetzt. Probieren Sie es aus!

Toast im Ofen

Selbst etwas altbackener Toast eignet sich hervorragend für überbackene Sandwiches. Grundsätzlich empfiehlt es sich, die Brotscheiben vor dem Belegen leicht zu rösten: mit etwas Butter bestreichen und bei ca. 200 Grad Ober- und Unterhitze (180 Grad Umluft) für ca. 3 Minuten in den Ofen geben. Sollten sich die Scheiben wölben, wenden und nochmals 1 Minute backen. Danach wird der Toast belegt und fertig gebacken.

KLEINE BROTKUNDE

Es ist das A und O eines jeden Sandwiches, in welcher Form es auch immer daherkommt, und zugleich eines der ältesten Lebensmittel der Welt: Brot. Und obwohl es fast immer aus den gleichen Grundzutaten besteht – Mehl, Wasser, Salz und meistens einem Treibmittel –, ist es doch so wandlungsfähig.

Aus verwendeten Mehlsorten und Treibmittel oder Gehzeiten des Teiges ergeben sich Hunderte von Brotsorten. Dabei lassen sich alle Brote grundsätzlich in zwei Grundarten unterteilen: Werden Treibmittel verwendet, erhält man gesäuertes, andernfalls ungesäuertes Brot, dessen typischer Vertreter Fladenbrot ist. Als Treibmittel, die dem Teig eine schön lockere Struktur und einen unverwechselbaren Geschmack verleihen, sind generell Backhefe und Sauerteige im Einsatz. Für die meisten in diesem Buch vorgestellten Rezepte werden übrigens Brote aus Hefeteig verwendet; der Klassiker schlechthin ist das Kastenweißbrot.

Wer mit Brot, Baguette oder Bagels aus der eigenen Backstube glänzen will, wird überrascht sein, wie einfach dies gelingt. Zwei wichtige „Zutaten" sollten dabei grundsätzlich nicht außer Acht gelassen werden: Wärme und Zeit. Brotteige müssen grundsätzlich vor dem Backen an einem warmen Ort ruhen, um zu gehen. Im Falle von Baguette muss der Vorteig gar 1 Tag im Voraus zubereitet werden. Außerdem mag es vor allem Hefe gern warm – die zugegebene Flüssigkeit sollte nicht zu kalt, aber auch nicht zu heiß sein (unter 30 Grad bleiben die Hefepilze inaktiv, über 60 Grad sterben sie ab). Ideal ist Körpertemperatur.

SOSSEN – WANDLUNGSFÄHIGE GESCHMACKSTRÄGER

In der Welt der Sandwiches sind Soßen weit mehr als nur schmückendes Beiwerk. Als wandlungsfähige Taktgeber setzen sie stattdessen oft die eigentlichen Zutaten kunstvoll in Szene. Auch Soßen müssen nicht immer aus dem Supermarktregal stammen. Denn wer sich die Mühe macht und selbst zu Mixer oder Rührbesen greift, wird mit einer Soße belohnt, die ohne Konservierungsstoffe und oft unnötig verwendetem Zucker auskommt, und kann etwa bei Barbecuesoße oder Tomatensalsa den Schärfegrad selbst bestimmen.

Für den Klassiker in der Sandwich-Küche schlechthin, die Mayonnaise, kommt man mit einer Handvoll Zutaten aus. Diese sollten allerdings zimmerwarm sein. Der Clou dabei ist, dass das Eigelb als natürlicher Emulgator dient, der dem nach und nach zugefügten (neutralen) Pflanzenöl zu einer cremigen Konsistenz verhilft. Wichtig: Verwenden Sie ausschließlich sehr frische Eier und verbrauchen Sie die fertige Mayonnaise innerhalb kürzester Zeit!

Auch selbst gemachtes Ketchup kommt mit wesentlich weniger Zucker aus als gekauftes – und gänzlich ohne chemische Zusatzstoffe. Die wichtigste Zutat für gelungenes Ketchup sind vollreife, aromatische Tomaten; sind diese saisonal bedingt nicht erhältlich, können auch Dosentomaten verwendet werden, die Sie gut abtropfen lassen sollten (weitere Zutaten siehe Rezept). Im Gegensatz zu selbst gemachter Mayonnaise ist Ketchup weitaus besser zu konservieren. Füllen Sie das fertige Produkt in mit heißem Wasser sterilisierte Gläser und Flaschen. An einem trockenen und kühlen Ort gelagert, hält sich das Ketchup ca. 6 Monate. Nach

dem Öffnen sollte es jedoch innerhalb von ca. 2 Wochen verbraucht werden.

Was dem Ketchup die Tomaten sind, sind Avocados für die Guacamole. Auch sie sollten sehr reif sein. Wer mag, kann der Guacamole mit Koriander und etwas Chili einen noch exotischeren Touch verleihen. Für den frischen, leicht säuerlichen Geschmack sorgt Limetten- oder Zitronensaft, der übrigens auch ein Braunwerden der fertigen Soße verhindert. Dies erreicht man ebenso, indem man den Kern der Avocado in die Schüssel mit der Guacamole gibt.

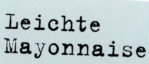

Leichte Mayonnaise

Wer die Mayonnaise etwas leichter wünscht, kann sie mit etwas Sauerrahm „strecken".

FRISCHE IST TRUMPF

Was in der Küche fast immer gilt, ist auch für das Gelingen guter Sandwiches entscheidend: Verwenden Sie nach Möglichkeit nur frische sowie saisonale und regionale Zutaten, um richtig leckere Ergebnisse zu erzielen. Am ehesten erhalten Sie diese Produkte auf einem Markt in ihrer Nähe. Aber auch ein kleiner Kräutergarten mit Petersilie, Basilikum, Minze & Co. auf dem Balkon oder im Garten liefert aromatisches Grün für die unterschiedlichsten Zwecke.

Gemüse und Salat – ob aus eigenem, kontrolliertem oder biologischem Anbau – sollten nicht zuletzt, weil sie auf Sandwiches oft roh landen, stets besonders sorgfältig gewaschen werden. Lassen Sie das gewaschene Gemüse jedoch gut abtropfen bzw. tupfen Sie es mit Küchenpapier ab. Denn die meisten Brotsorten weichen mit feuchten Belägen schnell durch und verlieren an Biss und Geschmack. Dass es keine Regel ohne Ausnahme gibt, beweist beispielsweise das saftige Pan Bagnat.

Geflügelfleisch nur durch!

Während Rindfleisch medium gegart besonders saftig schmeckt, darf Geflügelfleisch, in dem häufig gefährliche Krankheitserreger lauern können, immer nur vollständig durchgebraten verzehrt werden. Außerdem sollte es roh nicht mit anderen Lebensmitteln in Kontakt geraten.

HELFER & ZUBEHÖR

Für eine Vielzahl der in diesem Buch vorgestellten Rezepte ist das benötigte Equipment überschaubar. Legen Sie sich **Schneidebrett** sowie ein Set **Küchenmesser** zurecht – nach Möglichkeit in verschiedenen Größen sowie mit und ohne Sägezahnung –, und schon kann es losgehen. Erfahren Sie, welche Helfer Ihnen sonst noch das Leben erleichtern und welche hier und da unverzichtbar sind.

Schüsseln: In unterschiedlichen Größen werden sie für die Zubereitung beispielsweise von Soßen benötigt. Besonders leicht zu reinigen und resistent gegen sich einnistende Keime sind solche aus Edelstahl, Keramik oder Glas.

Sparschäler: Gurken & Co. lassen sich leichter mit einem Sparschäler von ihrer Schale befreien.

Küchensieb, Salatschleuder und **Küchenpapier:** für gewaschenes Grüngut.

Pürierstab, Mixer oder **Multizerkleinerer:** Sie leisten immer dann wertvolle Dienste, wenn Zutaten zu einer Creme verarbeitet oder gehackt werden müssen. Nützlich ist der Pürierstab auch bei der Zubereitung von Mayonnaise.

Ein **Rührgerät** mit Knethaken oder eine **Küchenmaschine** werden vor allem dann benötigt, wenn Brot selbst gebacken werden soll. **Pfannen** und **Töpfe** kommen zum Einsatz, wenn Zutaten angebraten oder gegart werden müssen. Beim Braten gilt: Je besser die Beschichtung des Kochgeschirrs ist, desto weniger Fett wird benötigt.

Käsereibe und **-hobel:** Frisch geriebener oder gehobelter Käse besitzt deutlich mehr Aroma als industriell vorbereiteter Käse. Dies gilt ganz besonders für Parmesan.

Kontaktgrill: Für warme Toasts und Sandwiches eignet sich ein Kontaktgrill, der im Aufbau einem Waffeleisen ähnelt und oben und unten aus einer beheizten und beschichteten Grillplatte besteht. Die Abstände zwischen den beiden Platten lassen sich entsprechend des Grillguts variieren. Das Brot wird besonders knusprig, die Füllung warm und zartschmelzend. Ganz ähnlich funktioniert auch ein Sandwichmaker.

Verschließbare Dosen: für die Aufbewahrung von möglichen Resten.

DAS AUGE ISST MIT

Selbstverständlich: Für den kleinen Hunger zwischendurch werden Pausenbrote am einfachsten in Butterbrotpapier, Alufolie oder Frischhaltedosen verpackt und unterwegs aus der Hand gegessen. Für Gäste zu Hause darf's aber auch etwas eleganter sein. Setzen Sie Ihre Kreationen stilvoll in Szene, ganz klassisch auf Servierplatten, rustikal auf großen Holzbrettern oder auch einmal ausgefallen beispielsweise auf Bananenblättern. Legen Sie kleine Cocktailservietten dazu, mit denen die Gäste auch immer gleich die schützende Unterlage parat haben.

Sie haben keine Servierplatten zur Hand oder wollen ihre Gäste mit einer peppigen Idee überraschen? Dann richten Sie die Sandwiches doch als mundgerechte Häppchen beispielsweise auf Minitellern, Frühstücksbrettchen oder in kleinen Papp- oder Holzboxen an. Damit die Finger der Gäste nicht fettig werden, verwenden Sie, natürlich abhängig von der Größe, am besten Zahnstocher oder kleine Cocktailspieße. Handwerkliches Geschick beweisen Sie, wenn Sie die Häppchen dabei gleich noch zu kleinen Türmchen aufeinanderstapeln.

Ein Hingucker ist eine thematisch passende Präsentation, etwa Terrakotta-Schalen und Kräutertöpfchen zu italienischen Tramezzini, verschnörkelt verzierte Messingplatten zu Falafel, Bambusmatten zu Gua Bao oder auch einfach nur Pappteller in amerikanischen Landesfarben zu Hotdogs und Cheeseburgern. Erlaubt ist, was gefällt!

Basics

Basics

SANDWICHBROT

Für ca. 16 Scheiben:

225 ml Milch
½ Würfel frische Hefe (21 g)
½ TL Salz
25 g Zucker
40 ml Olivenöl
375 g Mehl (Type 405)
Butter für die Form
1 Ei (Größe M)

Zubereitungszeit:
30 Min.

Gehzeit:
50 Min.

Backzeit:
35 Min.

1. Milch lauwarm erwärmen und in eine Rührschüssel geben. Die Hefe hineinbröckeln. Salz, Zucker und Olivenöl hinzufügen und alles so lange verrühren, bis sich die Hefe vollständig aufgelöst hat.

2. Mehl zur Hefemischung geben. Mit den Knethaken des Handrührgerätes zu einem glatten Teig verkneten. Mit einem sauberen Küchentuch abdecken und den Teig 10 Minuten an einem warmen Ort gehen lassen.

3. Eine Kastenform mit 25 cm Länge mit Butter ausstreichen. Den Teig einfüllen, erneut mit einem sauberen Küchentuch bedecken und weitere 40 Minuten an einem warmen Ort gehen lassen. Den Backofen auf 220 Grad Ober- und Unterhitze (200 Grad Umluft) vorheizen.

4. Das Ei verquirlen und den Teig nach Ende der Gehzeit damit einstreichen. Das Weißbrot im heißen Ofen auf der zweiten Schiene von unten ca. 35 Minuten backen.

5. Das Kastenweißbrot nach Backzeitende aus dem Ofen nehmen und etwas auskühlen lassen. Dann aus der Form stürzen und auf einem Kuchengitter auskühlen lassen.

> **Tipp**
>
> Bei Hefeteigen sollte man unbedingt darauf achten, dass man nur wirklich frische Hefe verwendet, da alte ihre Treibkraft verloren hat.

Basics

BAGUETTE

Für 2 Stück:

650 g Weizenmehl (Type 550)

50 g Roggenmehl (Type 1150)

½ Würfel frische Hefe (21 g)

1 EL flüssiger Honig

Mehl für Arbeitsfläche und Blech

1 EL Salz

Zubereitungszeit:
1 Std.

Gehzeit:
1 ½ Tage + 1 Std. 45 Min.

Backzeit:
30 Min.

1. Für den Vorteig 50 g Weizenmehl in eine Rührschüssel geben und mit 100 ml lauwarmem Wasser glatt vermengen. Mit Folie abdecken und 1 ½ Tage bei Raumtemperatur gehen lassen.

2. Nach Ende der Gehzeit das übrige Weizenmehl mit dem Roggenmehl mischen und in eine große Schüssel sieben. Frische Hefe zerbröckeln und mit dem Honig in 300 ml lauwarmem Wasser verrühren. Mit dem Vorteig zur Mehlmischung geben und das Ganze mit den Knethaken des Handrührgerätes oder der Küchenmaschine ca. 10 Minuten kräftig kneten. Den Teig abdecken und an einem warmen Ort 45 Minuten gehen lassen.

3. Den Teig nach Ende der Gehzeit auf einer bemehlten Arbeitsfläche 10 Minuten kräftig kneten und schlagen, dabei das Salz einarbeiten. Den Teig erneut zudecken und bei Raumtemperatur weitere 30 Minuten gehen lassen.

4. Den Teig erneut durchkneten und in 2 Portionen teilen. Jede Portion zu einem 30 cm x 50 cm großen Rechteck ausrollen. Die Längsseiten zur Mitte hin einschlagen und die Brote von der Längsseite her noch einmal einschlagen. Die Nähte gut zusammendrücken.

5. Das Backblech dicht mit Mehl bestreuen und die Brote mit den Nähten nach unten auf das Blech legen. Zugedeckt weitere 30 Minuten gehen lassen.

6. Eine ofenfeste Schale mit kochend heißem Wasser auf den Boden des Backofens setzen. Dann den Backofen auf 200 Grad Umluft schalten und die Baguettes auf die mittlere Schiene schieben. In 30 Minuten goldgelb backen. Anschließend herausnehmen und auf einem Kuchengitter vollständig auskühlen lassen.

Tipp

Natürlich kann man auch kleine Baguettes herstellen. Dafür den Teig einfach in 4 Portionen teilen und die Rechtecke nur halb so groß machen.

BAGELS

Für 12 Stück:

330 ml Milch
50 g Butter
1 Päckchen Trockenhefe (7 g)
2 1/2 EL Zucker
660 g Mehl (Type 405)
1 1/2 TL Salz
2 Eier (Größe M)
2 Eiweiß (Größe M)

Zubereitungszeit:
50 Min.

Gehzeit:
75 Min.

Gar- und Backzeit:
45 Min.

1. Milch lauwarm erwärmen und Butter zerlassen. Dann beides in eine Rührschüssel geben und Trockenhefe sowie 1 TL Zucker dazugeben. Das Ganze so lange verrühren, bis sich die Hefe vollständig aufgelöst hat.

2. Mehl, Salz und ganze Eier zur Hefemischung geben. Dann alles mit den Knethaken des Handrührgerätes zu einem glatten Teig verkneten. Mit einem sauberen Küchentuch abdecken und 1 Stunde an einem warmen Ort gehen lassen.

3. Nach Ende der Gehzeit den Teig in 12 gleich große Portionen teilen und zu runden Brötchen formen. Mit einem Kochlöffel jeweils ein 4 cm großes Loch durch jedes Brötchen stechen. Dann die Bagels nochmals mit einem Küchentuch abdecken und weitere 10 Minuten gehen lassen.

4. In der Zwischenzeit einen großen Topf mit Wasser füllen und erhitzen. Den übrigen Zucker darin auflösen. Jeweils 3–4 Bagels in das kochende Wasser geben und warten, bis sie an die Oberfläche steigen. Dann wenden, weitere 3 Minuten garen und mit einem Schaumlöffel herausheben. Gut abtropfen lassen.

5. Backofen auf 200 Grad Ober- und Unterhitze (180 Grad Umluft) vorheizen. Die Bagels auf ein mit Backpapier belegtes Backblech setzen und weitere 5 Minuten gehen lassen.

6. Das Eiweiß verquirlen und die Bagels damit einstreichen. Das Blech in den heißen Ofen schieben und die Bagels auf der mittleren Schiene 20–25 Minuten backen. Anschließend auf einem Kuchengitter abkühlen lassen.

Tipp

Und wer mag, kann natürlich auch Sesam- oder Mohnbagels backen. Dafür 2 Eigelb verquirlen und die Bagels vor dem Backen damit einstreichen. Dann die Ringe mit Sesam oder Mohn bestreuen und in den Backofen schieben.

RAFFINIERTE BURGER-BRÖTCHEN

Für 10 Stück:

3 mehligkochende Kartoffeln
Salz
50 ml Milch
2 EL Butter
200 g Hüttenkäse
1 Ei (Größe M)
2 EL Sonnenblumenöl
50 g Zucker
20 g Trockenhefe
550 g Mehl (Type 405)
2 Eigelb (Größe M)
4 EL Sesamsamen

Zubereitungszeit:
50 Min.

Gehzeit:
50 Min.

Gar- und Backzeit:
40 Min.

1. Kartoffeln schälen und etwas kleiner schneiden. In kochendem Salzwasser in ca. 20 Minuten weich kochen und anschließend abgießen. Kartoffeln durch eine Presse drücken und mit Milch und Butter verrühren. Das Püree abkühlen lassen.

2. Kartoffelpüree mit Hüttenkäse, Ei, Öl und Zucker glatt verrühren. Mit Hefe und 300 g Mehl gut vermischen. Danach das restliche Mehl hinzufügen und alles in 10 Minuten zu einem glatten Teig verkneten. In eine Schüssel geben, mit einem sauberen Küchentuch abdecken und 45 Minuten gehen lassen.

3. Backofen auf 180 Grad Ober- und Unterhitze (160 Grad Umluft) vorheizen. Den Teig nochmals durchkneten und in 10 Portionen teilen. Zu Kugeln rollen und mit Abstand zueinander auf einem mit Backpapier ausgelegten Backblech verteilen. Zugedeckt weitere 5 Minuten ruhen lassen.

4. Teigkugeln etwas flach drücken. Eigelb mit 4 EL Wasser verquirlen und die Teiglinge damit bestreichen. Mit Sesam bestreuen und im heißen Backofen auf der mittleren Schiene ca. 20 Minuten backen.

> **Tipp**
> Aus diesem Teig lassen sich auch Hotdog-Brötchen formen. Bei dieser Zubereitung entfallen dann die Sesamsamen.

KETCHUP

Für ca. 750 ml Ketchup:

1 kg reife Tomaten
2 rote Paprikaschoten
1 rote Zwiebel
8 Knoblauchzehen
85 ml Balsamicoessig
80 g Honig
3 EL brauner Zucker
1 TL Salz
½ TL Cayennepfeffer
½ TL getrockneter Thymian
1 Sternanis
1 dicke Scheibe Ingwer
1 Lorbeerblatt
je ½ TL Senf- und Pfefferkörner
3 Gewürznelken
1 Zimtstange
1 rote Chilischote
60 ml Olivenöl
2 TL Paprikapulver edelsüß
150 g Tomatenmark

Zubereitungszeit:
45 Min.

Garzeit:
1 Std. 55 Min.

1. Für das Ketchup Tomaten an den Stielansätzen einritzen und mit kochendem Wasser übergießen. Kurz ziehen lassen und dann häuten. Stielansätze ausschneiden, Tomaten entkernen und das Fruchtfleisch grob hacken.

2. Paprikaschoten vierteln und von Kernen und weißen Innenhäuten befreien. Paprika waschen und würfeln. Die Zwiebel schälen und dann in dünne Scheibchen schneiden. Den Knoblauch schälen.

3. Tomaten, Paprika, Zwiebel und Knoblauch in einen großen Topf geben und mit 45 ml Balsamicoessig vermengen. Aufkochen, den Deckel auflegen und bei schwacher Hitze ca. 25 Minuten köcheln lassen.

4. Nach Ende der Garzeit die Knoblauchzehen nach Wunsch entfernen und das Gemüse im Topf sehr fein pürieren. Restlichen Essig, Honig, braunen Zucker, Salz, Cayennepfeffer und Thymian daruntermischen. Sternanis, Ingwer, Lorbeerblatt, Senf- und Pfefferkörner, Nelken, Zimtstange und Chilischote in ein Mulltuch oder einen Kaffeefilter geben. Mit Küchengarn zubinden und in den Topf legen.

5. Die Tomatenmischung aufkochen und unter häufigem Rühren bei mittlerer Temperatur ca. 90 Minuten offen köcheln lassen, bis sie stark eingedickt ist. Anschließend das Gewürzsäckchen entfernen.

6. Olivenöl, Paprikapulver und Tomatenmark unter das Ketchup rühren. Das Ganze nochmals fein pürieren und danach mit den Gewürzen süßsauer abschmecken.

7. 3 Flaschen mit je ca. 250 ml Füllmenge mit heißem Wasser ausspülen und trocknen lassen. Ketchup einfüllen, fest verschließen und abkühlen lassen. Im Kühlschrank aufbewahren.

GUACAMOLE

Für 4 Personen:

2 Knoblauchzehen
2 Limetten
4 reife Avocados
4 EL Olivenöl
Salz
Cayennepfeffer

Zubereitungszeit:
15 Min.

1. Knoblauchzehen abziehen und sehr fein hacken. Die Limetten halbieren und den Saft auspressen.

2. Avocados halbieren, die Steine entfernen und das Fruchtfleisch mit einem Löffel aus den Schalen lösen. Das Fruchtfleisch mit einer Gabel fein zerkleinern und mit Knoblauch und gut der Hälfte des Limettensafts vermengen.

3. Olivenöl unter die Avocadocreme rühren. Dann die Guacamole mit Salz, Cayennepfeffer und dem übrigen Limettensaft würzig abschmecken. Noch kurz durchziehen lassen.

Tipp

Auch sehr gut, klassisch und gern auf Sandwiches verwendet: die Cocktailsoße. Dafür 150 g Mayonnaise (ein leckeres Rezept steht auf Seite 28) mit 3 EL Ketchup in eine Rührschüssel geben und mit dem Schneebesen glatt verrühren. Dann 2 EL Cognac und 1 EL Tomatenmark unterrühren. Etwas frisch gepressten Zitronensaft und 1 TL frisch geriebenen Meerrettich (alternativ Meerrettich aus dem Glas) untermischen. Die Soße mit Worcestersoße, Salz und Cayennepfeffer abschmecken.

Basics

MAYONNAISE UND REMOULADE

Für 4 Portionen Mayonnaise:

3 sehr frische Eigelb (Größe M)
2 TL Dijonsenf
3 TL Zitronensaft
Salz
200 ml neutrales Pflanzenöl
weißer Pfeffer

Für 4 Portionen Remoulade:

je 2 Eier und sehr frische Eigelb (Größe M)
1 EL mittelscharfer Senf
250 ml neutrales Pflanzenöl
4 EL Weißweinessig
4 EL Crème fraîche
1 Bd. gemischte Kräuter
1 EL Kapern, 1 kleine Zwiebel
3 Gewürzgurken
2 Sardellenfilets
Salz, weißer Pfeffer

Zubereitungszeit Mayonnaise:
15 Min.

Zubereitungszeit Remoulade:
30 Min.

1. Für die Mayonnaise Eigelb in eine hohe Rührschüssel geben. Senf, Zitronensaft und 1 Prise Salz dazugeben. Das Ganze mit den Quirlen des Handrührgerätes kräftig schaumig schlagen.

2. Das Öl zuerst tropfenweise und dann in einem dünnen Strahl zugießen. Währenddessen alles mit den Quirlen des Handrührgerätes auf höchster Stufe schlagen. So lange rühren, bis die Mayonnaise eine cremige Konsistenz hat. Zum Schluss nach Geschmack mit Salz und weißem Pfeffer abschmecken.

3. Für die Remoulade die ganzen Eier an der stumpfen Seite anstechen und in einem Topf knapp mit Wasser bedecken. In ca. 8 Minuten hart kochen. Dann Wasser abgießen, Eier mit eiskaltem Wasser abschrecken und abkühlen lassen. Danach schälen und halbieren. Eigelb herauslösen und zerkleinern.

4. Rohes Eigelb und Senf zum gekochten Eigelb geben. Das Ganze mit einer Gabel gut verrühren. Öl tropfenweise einfließen lassen und dabei mit einem Schneebesen kräftig unterschlagen, sodass eine cremige Soße entsteht. Essig mit Crème fraîche zur Soße geben und unterziehen.

5. Die gemischten Kräuter kalt abbrausen und trocken schütteln. Dann das Ganze ohne die groben Stängel fein hacken.

6. Kapern hacken. Zwiebel abziehen und fein würfeln. Gewürzgurken ebenfalls in sehr feine Würfel schneiden. Sardellenfilets kalt abspülen, mit Küchenpapier trocken tupfen und klein schneiden. Hart gekochtes Eiweiß hacken.

7. Kräuter, Kapern, Zwiebel- und Gurkenwürfel, Sardellenfilets sowie gehacktes Eiweiß unter die Remoulade mischen. Die Soße mit Salz und Pfeffer abschmecken.

Basics

BARBECUE-SOSSE

Für 4 Personen:

1 Schalotte
2 Knoblauchzehen
1 TL bunte Pfefferkörner
2 EL Rapsöl
100 ml Tomatensaft
2 EL Tomatenketchup
1 TL getrocknete Petersilie
Salz
Cayennepfeffer
Worcestersoße
Rauchsalz und Tabasco nach Geschmack

Zubereitungszeit:
25 Min.

1. Schalotte schälen und fein hacken. Knoblauchzehen abziehen und ebenfalls fein hacken. Die Pfefferkörner in einen Mörser geben und grob zerstoßen.

2. Rapsöl in einer Pfanne erhitzen. Schalotten- und Knoblauchwürfel darin bei mittlerer Hitze unter Rühren anschwitzen. Zerstoßenen Pfeffer in die Pfanne geben und kurz mitgaren. Dann den Tomatensaft angießen und unter Rühren 5 Minuten offen leicht köcheln lassen.

3. Den Sud vom Herd nehmen, kurz ausdampfen lassen und dann mit einem Stabmixer fein pürieren. Leicht auskühlen lassen. Anschließend Ketchup zugeben und das Ganze glatt rühren.

4. Getrocknete Petersilie untermengen. Danach die Barbecuesoße mit Salz, Cayennepfeffer und Worcestersoße würzig abschmecken. Wer mag, würzt noch mit etwas Rauchsalz und Tabasco. Vor der Verwendung etwas durchziehen lassen.

Tipp

Mit dieser Barbecuesoße können rohe Spareribs, Steaks & Co. mariniert werden, bevor sie auf den Grill oder in die Grillpfanne kommen. Aber auch nach dem Grillen schmeckt sie auf Fleisch und Sandwich einfach genial.

TOMATENSALSA

Basics

Abb. Seite 15

Für 4 Personen:

8 Tomaten
4 Stängel Petersilie
1 TL Honig
4 EL Olivenöl
1 Zwiebel
1 Knoblauchzehe
1 grüne Chilischote
Zitronensaft, frisch gepresst
Meersalz
Cayennepfeffer

Zubereitungszeit:
25 Min.

1. Die Tomaten waschen und trocken reiben. Die Hälfte oben kreuzweise einritzen, mit kochend heißem Wasser überbrühen und kurz ziehen lassen. Dann häuten, vierteln und von Kernen und Stielansätzen befreien. Den Rest der Tomaten ungeschält vierteln, von Kernen und Stielansätzen befreien und das Fruchtfleisch in kleine Würfel schneiden.

2. Petersilie abbrausen, trocken schütteln und die Blättchen fein hacken. Die gehäuteten Tomaten mit einer Gabel zerdrücken. Honig, Olivenöl und Petersilie untermengen.

3. Zwiebel und Knoblauch schälen und beides fein hacken. Chilischote waschen, putzen und ebenfalls fein hacken. Zusammen mit den Zwiebel-, Knoblauch- und ungeschälten Tomatenwürfeln zu den zerdrückten Tomaten geben und untermengen.

4. Die Tomatensalsa mit Zitronensaft, Meersalz und Cayennepfeffer würzig abschmecken. Vor dem Servieren noch kurz durchziehen lassen.

Tipp

Natürlich passt die Salsa super zu Tortillachips. Aber auch auf Sandwiches, die mexikanisch inspiriert sind, schmeckt sie super, besonders auf gegrilltem Fleisch und Fisch.

Klassiker aus der ganzen Welt

HOTDOG

Klassiker aus der ganzen Welt

Für 4 Stück:

Für die Mayonnaise:
2 Stängel Estragon
1 Eigelb (Größe M)
1 TL Dijonsenf
1–2 TL Zitronensaft, frisch gepresst
ca. 100 ml Sonnenblumenöl
Salz

Für die Hotdogs:
2 Zwiebeln
4 EL Sonnenblumenöl
2 EL Sultaninen
4 gebrühte Geflügelwürstchen
4 Blätter grüner Salat
4 Hotdog-Brötchen

Zubereitungszeit:
25 Min.

1. Für die Mayonnaise den Estragon abbrausen und trocken schütteln. Die Blättchen abzupfen und fein hacken. Eigelb mit Senf und etwas Zitronensaft in eine hohe Rührschüssel geben und mit den Quirlen des Handrührgerätes kräftig verrühren.

2. Unter ständigem Rühren das Öl erst tropfenweise, dann in einem dünnen Strahl einfließen lassen. So lange rühren, bis eine cremige und glänzende Mayonnaise entstanden ist. Den Estragon untermischen und das Ganze mit Salz und Zitronensaft abschmecken.

3. Für die Hotdogs die Zwiebeln schälen und in dünne Ringe schneiden. In einer Pfanne 2 EL Sonnenblumenöl erhitzen und die Zwiebelringe darin langsam goldbraun braten. Zum Schluss die Sultaninen zugeben und 2 Minuten mitschwitzen.

4. Das übrige Öl in einer weiteren Pfanne erhitzen. Die Würstchen hineingeben und bei milder Hitze darin von allen Seiten in ca. 7 Minuten erwärmen.

5. Die Salatblätter waschen, putzen und trocken tupfen, dann in dünne Streifen schneiden. Die Hotdog-Brötchen an einer Längsseite einschneiden; dabei die andere Längsseite nicht durchschneiden.

6. Die Brötchen mit dem Salat belegen und Mayonnaise daraufgeben. Je 1 Würstchen in jedes Brötchen geben und die Zwiebel-Sultaninen-Mischung darauf verteilen. Dann die Brötchen zusammenklappen und servieren.

Tipp

Natürlich eignen sich als Würste auch andere Brühwürste wie Wiener Würstchen.

CHEESEBURGER

Klassiker aus der ganzen Welt

Für 4 Stück:

Für die Burgersoße:
4 EL Mayonnaise
2 EL Tomatenketchup
Worcestersoße
Paprikapulver rosenscharf
Salz
Pfeffer aus der Mühle

Für die Burger:
500 g Rinderhackfleisch
Salz
Pfeffer aus der Mühle
2 Tomaten
1/4 Salatgurke
1 rote Zwiebel
8 Blätter grüner Salat
Sonnenblumenöl
4 Scheiben Cheddar
4 Burgerbrötchen

Zubereitungszeit:
30 Min.

1. Für die Burgersoße Mayonnaise mit Ketchup glatt verrühren. Mit Worcestersoße, Paprikapulver, Salz und frisch gemahlenem Pfeffer abschmecken.

2. Für die Burger Hackfleisch mit Salz und frisch gemahlenem Pfeffer würzen. Die Masse mit leicht feuchten Händen zu 4 gleich großen Patties formen. Auf Backpapier legen und für ca. 10 Minuten einfrieren.

3. Inzwischen Tomaten waschen, trocken reiben, Stielansätze entfernen und Tomaten in Scheiben schneiden. Gurke waschen, trocken reiben und in dünne Scheiben schneiden.

4. Die Zwiebel schälen und in feine Ringe schneiden. Salatblätter waschen, putzen und trocken tupfen; bei Bedarf kleiner zupfen.

5. Etwas Sonnenblumenöl in einer beschichteten Pfanne erhitzen und die Patties darin auf jeder Seite ca. 3 Minuten braten. Zum Schluss den Cheddar auf das Fleisch legen und die Pfanne vom Herd ziehen.

6. Die Burgerbrötchen halbieren und die Schnittflächen unter dem heißen Ofengrill leicht anrösten. Dann mit der Burgersoße bestreichen. Auf die unteren Hälften Salat legen und darauf je 1 Pattie mit Käse geben.

7. Fleisch mit Tomate, Gurke und Zwiebel belegen. Mit übrigem Salat abschließen und die oberen Brötchenhälften auflegen. Leicht andrücken und servieren.

Tipp

Noch herzhafter wird der Burger, wenn man kross gebratene Baconscheiben auf die Patties gibt.

PAN BAGNAT

Klassiker aus der ganzen Welt

Für 4 Stück:

2 Eier (Größe M)
8 Blätter Kopfsalat
1/4 Salatgurke
2 Tomaten
150 g Thunfisch im eigenen Saft (Dose)
150 g Artischockenherzen (Glas)
100 g entsteinte schwarze Oliven
1/2 Bd. Basilikum
1/2 TL Dijonsenf
2 EL Weißweinessig
6 EL Olivenöl
Salz
Pfeffer aus der Mühle
4 Baguettebrötchen

Zubereitungszeit: 30 Min.

1. Die Eier an den stumpfen Seiten anstechen. In einem kleinen Topf knapp mit Wasser bedecken und aufkochen. In ca. 8 Minuten hart kochen und danach kalt abschrecken.

2. Den Salat waschen, putzen, trocken schütteln und kleiner zupfen. Die Gurke waschen, trocknen und in dünne Scheiben schneiden; die Scheiben nach Geschmack halbieren.

3. Tomaten waschen, trocken reiben und von den Stielansätzen befreien. Tomaten in dünne Spalten schneiden.

4. Thunfisch und Artischockenherzen abtropfen lassen. Thunfisch mit einer Gabel grob zerpflücken. Artischocken je nach Größe halbieren oder vierteln. Die Oliven nach Geschmack halbieren oder in Ringe schneiden. Basilikum abbrausen, trocken tupfen und die Blättchen von den Stängeln zupfen.

5. Die Salatblätter in einer Schüssel mit Gurke, Tomaten, Thunfisch, Artischocken, Oliven und Basilikum vermengen. Die Eier schälen und vierteln.

6. Senf mit Weißweinessig und 4 EL Olivenöl zu einem glatten Dressing verschlagen und das Ganze mit Salz und frisch gemahlenem Pfeffer abschmecken. Mit den Salatzutaten vermengen.

7. Die Baguettebrötchen aufschneiden und etwas aushöhlen. Innen mit dem restlichen Olivenöl beträufeln und leicht mit Salz und frisch gemahlenem Pfeffer bestreuen. Dann Salatmischung und Eier auf den unteren Hälften der Brötchen verteilen. Die oberen Hälften darauflegen und leicht andrücken, dann sofort servieren.

Tipp

Dieser französische Klassiker stammt aus Nizza. Ganz nach Geschmack kann das Sandwich auch noch mit Sardellen verfeinert werden. Und wer mag, legt es in Folie gewickelt noch gute 30 Minuten in den Kühlschrank, dann zieht das Dressing stärker durch.

Klassiker aus der ganzen Welt

REUBEN-SANDWICH MIT PUTE

Für 4 Stück:

Für das Dressing:
1/2 Schalotte
1 kleine Gewürzgurke
1/4 rote Paprikaschote
1 Eigelb, hart gekocht
3 EL Mayonnaise
1 EL Schlagsahne
1 EL Tomatenketchup
1 EL Tomatenmark
Salz
Paprikapulver rosenscharf

Für die Sandwiches:
50 g Sauerkraut (Dose)
2 dicke Putensteaks (à ca. 250 g)
2 EL Sonnenblumenöl
4 EL Butter
Salz, Pfeffer
1 Zwiebel
gemahlener Kümmel
8 Scheiben Roggenbrot
8 Scheiben Emmentaler

Zubereitungszeit:
30 Min.

1. Für das Dressing Schalotte schälen und mit der Gewürzgurke hacken. Paprika putzen, waschen und fein würfeln. Eigelb zerdrücken. Mayonnaise mit Sahne, Ketchup und Tomatenmark glatt rühren. Schalotte, Gewürzgurke, Paprika und Eigelb untermengen. Mit Salz und Paprikapulver pikant abschmecken.

2. Für das Sandwich Sauerkraut gründlich abtropfen lassen. Dann noch mit Küchenpapier ausdrücken und trocken tupfen.

3. Die Steaks abbrausen und trocken tupfen. Je 1 EL Öl und Butter in einer Pfanne erhitzen. Das Fleisch darin von beiden Seiten jeweils 2–3 Minuten braun anbraten. Bei milder Hitze in einigen Minuten gar ziehen lassen. Dann mit Salz und Pfeffer würzen und warm halten.

4. Die Zwiebel schälen, halbieren und in feine Streifen schneiden. In einer Pfanne im übrigen Öl glasig anschwitzen. Mit Salz, Pfeffer und Kümmel würzen.

5. Ofen auf Grillfunktion vorheizen und Brotscheiben auf das Ofengitter legen. Die übrige Butter schmelzen und mit einem Teil davon die Oberseiten des Brotes einstreichen. Unter dem Grill bräunen lassen. Die Hälfte der Brote aus dem Ofen nehmen, den Rest wenden, mit etwas Butter einstreichen und auch auf den anderen Seiten bräunen lassen.

6. Pute schräg in dünne Scheiben schneiden. Die beidseitig getoasteten Brotscheiben mit dem Käse belegen. Darauf Fleisch mit Zwiebel und Sauerkraut legen und mit dem Dressing beträufeln.

7. Übrige Brotscheiben auflegen; die ungetoastete Seite zeigt nach oben. Mit der übrigen geschmolzenen Butter einstreichen und wieder unter dem Grill bräunen lassen.

Tipp

In seiner ursprünglichen Form wird dieser US-amerikanische Klassiker mit Corned Beef statt mit Putensteak zubereitet.

DÖNER KEBAB
MIT KRAUTSALAT

Klassiker aus der ganzen Welt

Für 4 Stück:

200 g Rotkohl
200 g Weißkohl
2 EL Apfelessig
Salz
1 TL Zucker
4 EL Olivenöl
600 g Rindersteaks aus Lende oder Hüfte
1 Knoblauchzehe
1 TL Paprikapulver edelsüß
Pfeffer aus der Mühle
1 rote Zwiebel
1 Fladenbrot
Pul Biber
250 g Naturjoghurt

Zubereitungszeit:
45 Min.

Ziehzeit:
1 Std.

1. Beide Kohlsorten waschen, putzen und die Blätter in feine Streifen schneiden oder hobeln. Apfelessig mit etwas Salz, Zucker und 2 EL Öl verrühren und mit dem Kohl vermengen. Alles leicht stampfen oder kneten und abgedeckt im Kühlschrank ca. 1 Stunde ziehen lassen.

2. Inzwischen das Fleisch kalt abbrausen, trocken tupfen und in dünne Scheiben schneiden. Knoblauch abziehen. Das Fleisch in eine Schüssel geben und den Knoblauch dazupressen. Übriges Olivenöl, Paprikapulver und Pfeffer hinzufügen und alles gründlich vermengen. Abgedeckt im Kühlschrank ca. 30 Minuten ziehen lassen.

3. Zwiebel schälen und in feine Ringe schneiden. Das Fladenbrot vierteln und zum Füllen einschneiden. Nach Belieben im Backofen unter dem Grill rösten.

4. Eine beschichtete Pfanne erhitzen. Das Fleisch mit der Marinade hineingeben und 4–5 Minuten kräftig braten, dabei häufig umrühren. Zum Schluss mit Salz und mit Pul Biber abschmecken.

5. Das Fleisch mit Krautsalat, Joghurt und Zwiebel in die Brote füllen. Döner Kebab sofort servieren.

Tipp
Pul Biber ist eine würzig-scharfe türkische Gewürzmischung, die sich auch durch getrocknete Chiliflocken ersetzen lässt. In der Türkei wird es aber auf der Basis von Paprika hergestellt.

CHICKEN PO BOY

Für 4 Stück:

150 g Rotkohl
150 g Weißkohl
1 Möhre
6 Blätter Eisbergsalat
8 Stängel Petersilie
4 EL Olivenöl
1 EL Zitronensaft, frisch gepresst
1 EL Weißweinessig
Salz, Pfeffer, Zucker
4 Hähnchenschnitzel (à ca. 150 g)
80 g Mehl (Type 405)
1 Ei (Größe M)
150 g Paniermehl
40 g Butterschmalz
4 Weizenschrot-Baguettebrötchen
2 EL Mayonnaise
1 EL mittelscharfer Senf
Tabasco
Paprikapulver edelsüß

Zubereitungszeit: 40 Min.

1. Rotkohl und Weißkohl putzen und waschen. Vom festen Strunk befreien und den Kohl in feine Streifen schneiden oder hobeln. Möhre schälen und raspeln. Salatblätter waschen, trocken tupfen und ebenfalls in feine Streifen schneiden. Petersilie abbrausen, trocken schütteln und die Blättchen fein hacken.

2. Rotkohl, Weißkohl, Möhre, Salat und Petersilie mischen. Olivenöl mit Zitronensaft und Essig verschlagen. Das Dressing mit Salz, Pfeffer und etwas Zucker würzen. Unter die vorbereiteten Zutaten mengen und abschmecken. Dann durchziehen lassen.

3. Schnitzel waschen und trocken tupfen. Zwischen zwei Lagen Frischhaltefolie mit einem Plattiereisen oder dem Boden einer schweren Pfanne vorsichtig etwas flacher klopfen. Fleisch aus der Folie nehmen und von beiden Seiten leicht mit Salz und Pfeffer würzen.

4. Ofen auf 200 Grad Ober- und Unterhitze (180 Grad Umluft) vorheizen. Mehl, Ei und Paniermehl getrennt voneinander in tiefe Teller geben; das Ei verquirlen. Fleisch zuerst im Mehl wenden und überschüssiges abklopfen. Dann durch das Ei ziehen und zum Schluss im Paniermehl wenden. Panade andrücken.

5. Butterschmalz in einer Pfanne erhitzen und die Schnitzel darin goldbraun braten. Dann warm halten.

6. Brötchen im Ofen leicht rösten. Anschließend an einer Längsseite aufschneiden; die andere Längsseite nicht durchschneiden. Mayonnaise mit Senf verrühren und mit wenig Tabasco und Paprikapulver abschmecken.

7. In jedes Brötchen erst etwas Senf-Mayonnaise, dann den vorbereiteten Kohlsalat und je 1 Schnitzel geben. Po Boy zusammenklappen und servieren.

Tipp

Po Boys (von englisch „poor boy", armer Junge) stammen aus Louisiana und gelten in New Orleans als große Spezialität. Es gibt sie in unzähligen Varianten; sie werden oft auch mit frittierten Shrimps, Roastbeef oder sogar frittierten Austern gefüllt.

TRAMEZZINI
MIT PARMASCHINKEN UND GETROCKNETEN TOMATEN

Für 8 Stück:

2 Handvoll Rucola

100 g getrocknete Tomaten in Öl (Glas)

8 Scheiben Tramezzinibrot

150 g Ricotta

Pfeffer aus der Mühle

8 Scheiben Parmaschinken

Zubereitungszeit:

15 Min.

1. Den Rucola mit kaltem Wasser abbrausen und mit Küchenpapier gründlich trocken tupfen. Die festen Stielenden abschneiden.

2. Die getrockneten Tomaten aus dem Öl nehmen und gründlich abtropfen lassen. Zusätzlich mit Küchenpapier noch etwas trocken tupfen. Nach Wunsch die Tomaten dann etwas kleiner schneiden.

3. Tramezzinibrot mit Ricotta bestreichen und etwas frisch gemahlenen Pfeffer darüberstreuen. Je 1 Scheibe Parmaschinken auf die Brote legen und den Rucola darauf verteilen. Zum Schluss mit den Tomaten belegen.

4. Je 2 Brotscheiben aufeinanderlegen und leicht andrücken. Tramezzini diagonal durchschneiden und rasch servieren.

Tipp

Natürlich auch toll: Tramezzini al tonno. Dafür 300 g Thunfisch aus der Dose im eigenen Saft gut abtropfen lassen und mit einer Gabel zerpflücken. Mit 2 TL Kapern und 100 g Ricotta in einer Schüssel glatt verrühren und das Ganze mit etwas frisch gepresstem Zitronensaft, Salz und frisch gemahlenem Pfeffer abschmecken. 4 Salatblätter putzen, waschen und trocken tupfen. 4 Scheiben Tramezzinibrot damit belegen und mit der Creme bestreichen. 4 weitere Scheiben Tramezzinibrot daraufsetzen und an den Rändern andrücken. Jeweils diagonal halbieren und servieren.

Klassiker aus der ganzen Welt

MEXIKANISCHE TORTA

Für 4 Stück:

Für das Fleisch:
4 dünne Rindersteaks (à ca. 120 g; z. B. Rib-Eye)
3 EL Olivenöl
1 TL Paprikapulver edelsüß
1 Msp. Chilipulver
1 Prise brauner Zucker
1 EL Limettensaft, frisch gepresst, Salz

Für die Guacamole:
30 g getrocknete Tomaten
8 Stängel Koriander
2 Avocados
2 EL Limettensaft, frisch gepresst, Salz

Außerdem:
2 rote Zwiebeln
4 Blätter grüner Salat
4 Weizenbrötchen

Zubereitungszeit:
30 Min.

Ziehzeit:
20 Min.

1. Die Rindersteaks mit kaltem Wasser abbrausen und mit Küchenpapier trocken tupfen. Bei Bedarf zwischen zwei Lagen Frischhaltefolie legen und mit einem Plattierer oder mit dem Boden einer schweren Pfanne vorsichtig noch etwas flacher klopfen.

2. Olivenöl mit Paprikapulver, Chili, braunem Zucker und dem Limettensaft verrühren. Das Fleisch mit der Marinade vermischen und abgedeckt ca. 20 Minuten ziehen lassen.

3. Für die Guacamole die getrockneten Tomaten fein hacken. Koriander kalt abbrausen, trocken schütteln, die Blättchen abzupfen und fein hacken.

4. Avocados schälen, halbieren und von den Steinen befreien. Das Fruchtfleisch mit einer Gabel leicht stückig zerdrücken. Dann sofort den Limettensaft dazugeben und unterrühren.

5. Gehackte Tomaten und Koriander ebenfalls mit der Avocado vermengen. Die Guacamole dann mit Salz abschmecken.

6. Die Zwiebeln schälen, halbieren und in feine Streifen schneiden. Die Salatblätter unter fließendem kaltem Wasser waschen, putzen und trocken schütteln.

7. Das Fleisch nach Ende der Marinierzeit aus der Marinade nehmen und salzen. Die Steaks dann auf dem heißen Grill oder in einer heißen Grillpfanne 3–6 Minuten, je nach gewünschtem Gargrad, grillen.

8. Die Brötchen halbieren. Die Schnittflächen mit Guacamole bestreichen und die unteren Brötchenhälften mit dem gegrillten heißen Fleisch, den Zwiebeln und den Salatblättern belegen. Die oberen Brötchenhälften auflegen und leicht andrücken. Dann die Tortas servieren.

Tipp

Als Tortas bezeichnen die Mexikaner Sandwiches, die sich nach Lust und Laune belegen lassen und warm oder auch kalt zubereitet werden.

Die Guacamole aus diesem Rezept lässt sich auch mal durch eine pikante Tomatensalsa ersetzen. Ein leckeres Rezept gibt es auf Seite 32.

Klassiker aus der ganzen Welt

MUFFULETTA

Für 4 Stück:

Für den Olivensalat:

1/4 rote Paprikaschote

1/4 Stange Sellerie

1 kleine Möhre

1/2 rote Zwiebel

1 Knoblauchzehe

je 200 g entsteinte grüne und schwarze Oliven

2 EL Weißweinessig

5 EL Olivenöl

Salz, Pfeffer

Chilipulver

Außerdem:

1 rundes mit Sesam bestreutes Weißbrot

400 g gekochter Schinken in Scheiben

200 g Provolone in Scheiben (alternativ Mozzarella)

Zubereitungszeit:
40 Min.

Ziehzeit:
45 Min.

1. Für den Olivensalat Paprikaschote und Sellerie putzen, waschen und trocken tupfen, dann in sehr feine Würfelchen schneiden. Möhre schälen und fein hacken. Zwiebel und Knoblauch abziehen und beides sehr fein hacken. Oliven ebenfalls sehr klein schneiden.

2. Die vorbereiteten Zutaten für den Olivensalat vermengen. Essig und Olivenöl verschlagen und darübergeben. Mit Salz, Pfeffer und Chilipulver würzen und alles vermengen. Abdecken und ca. 15 Minuten ziehen lassen.

3. Das Weißbrot waagerecht halbieren und die Krumen herauslösen; dabei ca. 2 cm Rand stehen lassen. Den Olivensalat nach der Ziehzeit nochmals abschmecken und abtropfen lassen. Etwa die Hälfte auf den unteren Teil des Brotes geben und leicht andrücken.

4. Die Hälfte des gekochten Schinkens auf den Olivensalat legen. Den in Scheiben geschnittenen Käse daraufgeben und mit dem übrigen Schinken belegen. Dann mit dem restlichen Olivensalat belegen. Die obere Brothälfte auflegen und andrücken.

5. Das Brot in Frischhaltefolie wickeln und ca. 30 Minuten im Kühlschrank durchziehen lassen. Anschließend aus der Folie wickeln, in 4 Stücke schneiden und Muffuletta servieren.

Tipp

Muffuletta ist eine Spezialität aus New Orleans und wurde dort Anfang des 20. Jahrhunderts von einem italienischen Einwanderer in seinem Lebensmittelgeschäft kreiert.

BANH MI

Für 4 Stück:

1 Knoblauchzehe
1 walnussgroßes Stück Ingwer
1 Stiel Zitronengras
6 Stängel Koriander
400 g Schweinehackfleisch
1 Ei (Größe M)
2–3 EL Paniermehl
4 EL Fischsoße
1 TL Sambal Oelek
4 EL Erdnussöl
1 Möhre
1 rote Chilischote
1 rote Zwiebel
1 Baguette
brauner Zucker
etwas Limettensaft, frisch gepresst
Korianderblättchen zum Garnieren

Zubereitungszeit: 30 Min.

1. Knoblauch und Ingwer schälen und fein hacken. Zitronengras waschen, putzen und die Enden großzügig abschneiden. Die äußeren Blätter entfernen und den inneren weißen Teil fein hacken. Koriander kalt abbrausen, trocken schütteln und die Blättchen hacken.

2. Das Hackfleisch in eine Schüssel geben. Knoblauch, Ingwer, Zitronengras, Koriander und Ei dazugeben. Das Ganze gründlich vermengen und so viel Paniermehl zugeben, bis die Masse gut formbar ist.

3. Die Fleischmasse mit 2 EL Fischsoße und Sambal Oelek würzen. Daraus dann ca. 16 kleine Bällchen formen. Erdnussöl in einer Pfanne erhitzen und die Fleischbällchen darin rundherum in ca. 7 Minuten goldbraun braten. Danach warm halten.

4. Die Möhre schälen und der Länge nach in sehr dünne Scheiben schneiden oder auf der Küchenreibe hobeln. Chilischote waschen, trocken reiben, putzen und in feine Ringe schneiden. Die Zwiebel schälen, halbieren und in dünne Streifen schneiden.

5. Das Baguette vierteln und eine Längsseite einschneiden; die andere Längsseite nicht durchschneiden. Die übrige Fischsoße mit wenig braunem Zucker und einigen Spritzern Limettensaft verrühren, bis sich der Zucker aufgelöst hat.

6. Die Baguettestücke mit den Fleischbällchen und dem vorbereiteten Gemüse füllen. Leicht mit der gezuckerten Fischsoße beträufeln, mit Korianderblättchen bestreuen, die Brote zusammenklappen und Bánh Mì servieren.

Tipp

Durch den französischen Einfluss in Vietnam ist dort Baguette bis heute sehr beliebt und wird daher auch für diesen Klassiker verwendet. Die vietnamesische Variante hat allerdings einen etwas luftigeren Teig und eine etwas weniger feste Kruste als das bei uns gängige Weißbrot.

CLUB SANDWICH
MIT SPIEGELEI

Für 8 Stück:

4 EL Mayonnaise
1 TL mittelscharfer Senf
4 Blätter grüner Salat
¼ Salatgurke
1 große Tomate
2 Hähnchenbrustfilets (à ca. 150 g)
1 EL Sonnenblumenöl
Salz
Pfeffer aus der Mühle
Paprikapulver edelsüß
8 Scheiben Bacon
4 Eier (Größe M)
8 Scheiben Sandwichtoast

Zubereitungszeit:
30 Min.

1. Mayonnaise und Senf glatt verrühren. Salatblätter abbrausen, putzen und trocken tupfen. Gurke waschen, trocken reiben und in dünne Scheiben schneiden. Tomate waschen, trocken reiben und Stielansatz entfernen. Dann ebenfalls in dünne Scheiben schneiden.

2. Die Filets kalt abbrausen, mit Küchenpapier trocken tupfen und jeweils einmal quer halbieren. Die Stücke nacheinander zwischen zwei Lagen Frischhaltefolie legen und mit dem Plattierer oder dem Boden einer schweren Pfanne vorsichtig flach klopfen.

3. Sonnenblumenöl in einer Pfanne erhitzen und das Geflügel darin von jeder Seite 2–3 Minuten goldgelb braten. Dabei mit Salz, Pfeffer und etwas Paprikapulver würzen. Herausnehmen und in Alufolie gewickelt ruhen lassen.

4. Den Bacon in die noch heiße Pfanne geben und kross braten, danach auf Küchenpapier entfetten lassen. Anschließend die Eier einzeln in die heiße Pfanne schlagen und zu Spiegeleiern braten; nach Geschmack vorsichtig wenden und auch auf der anderen Seite leicht braten. Das Eigelb sollte innen nicht mehr zu flüssig sein.

5. Toastscheiben im Toaster rösten und dünn mit der Senf-Mayo bestreichen. 4 Scheiben jeweils mit Salat, Gurke und Tomate belegen. Darauf dann Bacon, Hähnchenbrust und je 1 Spiegelei setzen. Mit Salz und frisch gemahlenem Pfeffer übermahlen.

6. Die übrigen Toastscheiben auflegen und leicht andrücken. Sandwiches jeweils diagonal halbieren und nach Belieben mit Zahnstochern fixiert servieren.

Tipp
Diese Sandwiches wurden im 19. Jahrhundert in Nordamerika den Mitgliedern privater Clubs serviert, daher ihr Name.

GUA BAO

Klassiker aus der ganzen Welt

Für 4 Stück:

Für das Fleisch:
500 g Schweinebauch ohne Schwarte
1 Stück Ingwer
1 Knoblauchzehe
1 EL Erdnussöl
1 EL brauner Zucker
50 ml Reiswein
4 EL Sojasoße

Für die Brötchen:
150 g Mehl (Type 405)
7 g frische Hefe
1 EL brauner Zucker
Erdnussöl

Für das Gemüse:
150 g Weißkohl, 1 Möhre
1/2 Gärtnergurke
je 2 EL Reisessig und Sojasoße, brauner Zucker
Koriandergrün, Chilisoße

Zubereitungszeit:
1 Std.

Gar- und Gehzeit:
3 Std. 15 Min.

1. Fleisch abbrausen, trocknen und würfeln. Ingwer und Knoblauch schälen und beides hacken. In einem Topf Öl erhitzen und das Fleisch darin unter Rühren anbraten. Zucker darüberstreuen und leicht karamellisieren lassen. Mit Reiswein, Sojasoße und etwas Wasser ablöschen.

2. Knoblauch und Ingwer hinzufügen und abdecken. Bei milder Hitze ca. 2 Stunden schmoren. Dabei gelegentlich umrühren und bei Bedarf etwas Wasser ergänzen.

3. Für die Brötchen Mehl in eine Schüssel sieben und eine Mulde hineindrücken. Hefe zerbröckeln und mit Zucker in 2 EL lauwarmem Wasser auflösen. In die Mehlmulde gießen. 1 EL Öl und weitere 3 EL lauwarmes Wasser zufügen und zu einem glatten Teig verkneten. Abgedeckt 30 Minuten gehen lassen.

4. Für das Gemüse den Kohl waschen, trocknen und putzen, dann in feine Streifen schneiden. Möhre schälen, halbieren und längs in dünne Scheiben schneiden. Gurke waschen, putzen und ebenfalls längs in dünne Scheiben schneiden. Reisessig mit Sojasoße, 1 Prise Zucker und 1 EL Wasser verrühren. Gemüse untermischen und ziehen lassen.

5. Teig nach Gehzeitende durchkneten. In 4 Stücke teilen, zu Fladen ausrollen und abgedeckt weitere 30 Minuten gehen lassen.

6. Fladen mit etwas Öl einstreichen, zu Halbmonden falten und in einen mit Backpapier ausgelegten Dämpfeinsatz legen. In einem geeigneten Topf Wasser erhitzen, Dämpfeinsatz darübersetzen und Brötchen zugedeckt ca. 15 Minuten dämpfen. Das Fleisch nach Garzeitende abschmecken. In die Brötchen füllen und Gemüsesalat daraufgeben. Mit Koriander bestreuen und mit Chilisoße beträufeln.

Tipp
Die lecker-aromatischen Gua Bao kommen aus Taiwan.

Klassiker aus der ganzen Welt

CROQUE MONSIEUR

Für 8 Stück:

Für die Béchamelsoße:
1 1/2 EL Butter
1 EL Mehl (Type 405)
125 ml Milch
Salz
Pfeffer aus der Mühle
Muskatnuss, frisch gerieben

Für die Sandwiches:
8 große Scheiben Weißbrot
Butter
8 Scheiben Emmentaler
8 Scheiben gekochter Schinken
4 EL geriebener Emmentaler

Zubereitungszeit:
30 Min.

Grillzeit:
10 Min.

1. Für die Béchamelsoße Butter in einem kleinen Topf zerlassen. Mehl durch ein Sieb einstäuben, mit dem Schneebesen einrühren und unter Rühren bei milder Hitze hell anschwitzen.

2. Die Milch zugießen und aufkochen lassen, dann die Hitze sofort reduzieren. Die Soße unter Rühren in ca. 10 Minuten andicken lassen und vom Herd nehmen. Mit Salz, Pfeffer und Muskatnuss abschmecken.

3. Den Backofen mit der Grillfunktion vorheizen. Für die Sandwiches die Brotscheiben rösten und dann mit Butter bestreichen. Die Hälfte der Brotscheiben schichtweise mit Käse und Schinken belegen. Die übrigen Brotscheiben auflegen.

4. Die Sandwiches mit der vorbereiteten Béchamelsoße beträufeln und mit dem geriebenen Käse bestreuen. Unter den heißen Backofengrill schieben und in ca. 10 Minuten übergrillen, bis der Käse zerläuft und leicht bräunt; dabei darauf achten, dass die Sandwiches nicht zu dunkel werden.

5. Croque Monsieur nach Ende der Grillzeit aus dem Ofen nehmen und jeweils halbieren. Kurz ausdampfen lassen und danach sofort servieren.

Tipp

Eine „Verwandte" dieses französischen Klassikers ist Croque Madame. Dabei entfällt die Béchamelsoße, dafür werden die Brote nach dem Grillen mit gebratenen Spiegeleiern belegt.

FALAFEL IM FLADENBROT MIT HUMMUS

Abb. Seite 33

Für 4 Stück:

Für den Hummus:
200 g Kichererbsen (Dose)
1 Knoblauchzehe
2 EL Tahin (Sesampaste)
2 EL Olivenöl
2 EL Zitronensaft, frisch gepresst
Kreuzkümmelpulver
Cayennepfeffer
Salz

Für die Falafeln:
400 g Kichererbsen (Dose), 1 kleine Zwiebel
1 Knoblauchzehe
je ½ Bd. Petersilie und Koriander
1 EL Olivenöl
2 EL Paniermehl
Kreuzkümmelpulver
Korianderpulver
Salz, Pfeffer
Öl zum Frittieren

Für die Sandwiches:
2 Tomaten
100 g Rotkohl
1 Zwiebel
½ Salatgurke
1 Fladenbrot oder 4 kleine Pitabrote

Zubereitungszeit: 75 Min.

1. Für den Hummus Kichererbsen in einem Sieb abbrausen, abtropfen lassen und in einen hohen Rührbecher geben. Knoblauch schälen, grob hacken und mit Tahin, Olivenöl und Zitronensaft zugeben. Alles pürieren und mit Kreuzkümmel, Cayennepfeffer und Salz abschmecken.

2. Für die Falafeln Kichererbsen in einem Küchensieb abbrausen und abtropfen lassen. Zwiebel und Knoblauchzehe abziehen und beides mit den Kichererbsen pürieren.

3. Petersilie und Koriander abbrausen, trocknen und hacken. Kräuter mit Kichererbsen, Olivenöl und Paniermehl vermengen. Mit Kreuzkümmel, Koriander, Salz und Pfeffer kräftig würzen.

4. Mit feuchten Händen aus der Masse 12 kleine Bällchen formen. Reichlich Öl in einem hohen Topf auf ca. 170 Grad erhitzen. Falafeln darin portionsweise rundum goldbraun frittieren. Danach herausheben, auf Küchenpapier entfetten lassen und warm halten.

5. Für die Sandwiches Tomaten waschen, trocken reiben und in Scheiben schneiden. Rotkohl waschen, trocken tupfen und putzen, dann die Blätter in feine Streifen schneiden. Zwiebel abziehen und in dünne Scheiben schneiden. Gurke waschen, putzen und in Scheiben schneiden.

6. Fladenbrot oder Pitabrote erwärmen, Fladenbrot in Viertel schneiden. Die Brote einschneiden und mit Hummus bestreichen. Mit je 3 Falafeln und vorbereitetem Gemüse füllen.

SANDWICH MIT GEGRILLTEM GEMÜSE

Vegetarisch & vegan

Für 4 Stück:

Für die Aioli:
130 g kalifornische Walnüsse, geröstet
2 EL Dijonsenf
2 EL Tahin (Sesampaste)
2 EL Mayonnaise
Saft von 1 Zitrone

Für die Sandwiches:
1 Zucchini
1 kleine Aubergine
Salz
1 orangefarbene Paprikaschote
4 kleine Tomaten
1 Zwiebel
4 EL Olivenöl
Pfeffer aus der Mühle
8 Scheiben Sauerteigbrot
1 Knoblauchzehe

Zubereitungszeit:
35 Min.

1. Für die Aioli Walnüsse grob hacken und in einer beschichteten Pfanne ohne die Zugabe von Fett rösten. Anschließend herausnehmen und auskühlen lassen.

2. Nüsse mit Senf, Tahin, Mayonnaise und Zitronensaft in den Standmixer geben. Das Ganze zu einer Paste aufmixen; die Aioli darf ruhig noch kleine Stückchen haben. Dann bis zur Weiterverarbeitung beiseitestellen.

3. Für die Sandwiches Zucchini sowie Aubergine putzen, waschen und in ca. 1 cm dicke Scheiben schneiden. Leicht mit Salz bestreuen und etwas Wasser ziehen lassen.

4. Paprikaschote putzen, dabei von Kernen und weißen Innenhäuten befreien. Dann die Paprika waschen und in Streifen schneiden. Tomaten waschen, trocken tupfen, halbieren und von den Stielansätzen befreien. Zwiebel abziehen, putzen und in ca. 1 cm dicke Scheiben schneiden.

5. Zucchini und Aubergine mit Küchenpapier abtupfen und dann mit dem übrigen vorbereiteten Gemüse und der Hälfte des Olivenöls sowie mit etwas Salz und frisch gemahlenem Pfeffer vermengen. Das Gemüse in einer Grillpfanne oder auf dem Grill garen, bis die gewünschte Garstufe erreicht ist. Das Gemüse sollte leicht gebräunt sein.

6. Die Brotscheiben auf beiden Seiten mit dem übrigen Olivenöl bestreichen. Dann in einer Grillpfanne oder auf dem Grill von beiden Seiten leicht grillen. Die Knoblauchzehe abziehen, halbieren und das Brot damit einreiben.

7. Die Brotscheiben mit der Aioli bestreichen. Das Gemüse auf der Hälfte der Scheiben verteilen und die übrigen Brote daraufsetzen. Dann die Sandwiches servieren.

Tipp

Das Rezept lässt sich auch perfekt vegan zubereiten. Dafür dann statt der Aioli Hummus vorbereiten. Dafür 200 g Kichererbsen aus der Dose in einem Küchensieb abbrausen und abtropfen lassen. Dann mit 1 grob gehackten Knoblauchzehe und je 2 EL Tahin (Sesampaste), Olivenöl und Zitronensaft in einen hohen Rührbecher geben. Alles fein pürieren und mit Salz, Cayennepfeffer und Kreuzkümmel abschmecken. Bei Bedarf noch wenig Wasser zugeben.

SANDWICH
MIT EIERSALAT

Für 4 Stück:

1 rote Zwiebel
1 TL Sonnenblumenöl
5 Eier (Größe M)
8 Blätter Radicchio
8 Stängel Petersilie
4 kleine längliche Fladenbrote
2 EL Mayonnaise
2 EL saure Sahne
3 EL Naturjoghurt
1 TL Dijonsenf
Salz
Pfeffer aus der Mühle

Zubereitungszeit:
25 Min.

1. Die Zwiebel abziehen und fein hacken. Sonnenblumenöl in einer kleinen Pfanne erhitzen und die Zwiebel darin unter häufigem Rühren rösten. Anschließend herausnehmen und auf Küchenpapier entfetten lassen.

2. Die Eier an der stumpfen Seite anstechen und in einem Topf knapp mit Wasser bedecken. Aufkochen und die Eier in ca. 8 Minuten hart kochen.

3. In der Zwischenzeit Radicchio kalt abbrausen, trocken tupfen und putzen. Die Blätter kleiner zupfen. Petersilie kalt abbrausen und trocken schütteln. Die Blättchen abzupfen und fein hacken. Die Fladenbrote bei 120 Grad Ober- und Unterhitze (100 Grad Umluft) im Ofen erwärmen.

4. Die Eier nach Ende der Garzeit kalt abschrecken, schälen und in Würfel schneiden. Mayonnaise, saure Sahne, Joghurt und Senf zu einer glatten Salatcreme verrühren. Petersilie untermengen und alles mit Salz und frisch gemahlenem Pfeffer abschmecken. Zum Schluss vorsichtig die gewürfelten Eier unterheben.

5. Fladenbrote der Länge nach einschneiden; dabei eine Längsseite nicht durchschneiden. Mit Radicchio und Eiersalat füllen und das Ganze mit den Röstzwiebeln bestreuen. Zusammenklappen und sofort servieren.

Tipp

Wer es gern fruchtig hat, kann 1 Ei auch durch 1 Apfel ersetzen. Den dann schälen, vom Kerngehäuse befreien und das Fruchtfleisch in kleine Stücke schneiden. Danach gleich mit etwas Zitronensaft beträufeln und unter den Eiersalat mischen. Und wer mag, kann das Fladenbrot auch mal durch Toastbrot ersetzen.

VEGANER MEXICAN-BURGER

Für 4 Stück:

Für die Guacamole:
1 Knoblauchzehe
1 Zitrone (unbehandelt)
1 rote Peperoni
1 Avocado, 50 ml Mandeldrink original
50 g gehackte Mandeln, geröstet
Salz, Pfeffer

Für die Kidneybohnen-Patties:
1 Zwiebel
1 Knoblauchzehe
120 g Champignons
420 g Kidneybohnen (Dose)
½ Bd. Petersilie
Sojaöl
½ TL Korianderpulver
1 Msp. Kreuzkümmelpulver
Salz, Pfeffer
Mehl zum Bestäuben

Außerdem:
4 Burgerbrötchen
1 kleines Bd. Koriander
½ rote Peperoni
1 Handvoll Nachos

Zubereitungszeit:
50 Min.

1. Für die Guacamole Knoblauch abziehen und hacken. Zitrone heiß waschen und trocknen, dann Schale abreiben und Saft auspressen. Peperoni waschen, entkernen und hacken.

2. Avocado halbieren, entsteinen und das Fruchtfleisch mit einer Gabel fein zerkleinern. Avocado mit Knoblauch, Zitronenschale und -saft, Peperoni und Mandeldrink vermengen. Mandeln unterrühren und Guacamole mit Salz und Pfeffer würzen.

3. Für die Patties Zwiebel und Knoblauch abziehen und hacken. Champignons putzen und hacken. Kidneybohnen abbrausen und gründlich abtropfen lassen. Petersilie abbrausen, trocken tupfen und hacken.

4. Etwas Öl in einer Pfanne erhitzen und Zwiebel mit Knoblauch darin dünsten. Champignons mit Koriander und Kreuzkümmel zugeben. Dünsten, bis die gesamte Flüssigkeit der Pilze verkocht ist.

5. Die Kidneybohnen mit einer Gabel zerdrücken und Zwiebel-Pilz-Masse mit Petersilie zugeben. Salzen, pfeffern und zu einer homogenen Masse verarbeiten.

6. Aus der Bohnenmasse Burger-Patties formen. Diese mit Mehl bestäuben. In einer Pfanne etwas Sojaöl erhitzen und die Patties darin von jeder Seite ca. 2 Minuten braten.

7. Brötchen halbieren und im Ofen leicht rösten. Koriander abbrausen, trocknen und Blättchen abzupfen. Peperoni in Ringe schneiden. Patties auf die unteren Brötchenhälften setzen und Guacamole daraufgeben. Koriander und Peperoniringe darüberstreuen. Zerbröselte Nachos darüber verteilen. Brötchendeckel aufsetzen.

FLADENBROT
MIT GRILLGEMÜSE UND MARINIERTEM MOZZARELLA

Vegetarisch & vegan

Für 4 Stück:

je 1 rote und gelbe Paprikaschote
1 Zucchini
1 rote Zwiebel
5 Zweige Thymian
4 EL Olivenöl
Salz
Pfeffer aus der Mühle
200 g Mini-Mozzarella
1 EL Kapern
1 EL Kapernäpfel
2 EL Zitronensaft, frisch gepresst
2 Tomaten
4 Blätter Romanasalat
1 Fladenbrot

Zubereitungszeit: 30 Min.

Grill- und Marinierzeit: 10 Min.

1. Die Paprikaschoten vierteln und von Kernen und weißen Innenhäuten befreien. Die Schoten waschen und trocken tupfen, dann in Streifen schneiden.

2. Zucchini waschen, trocknen, putzen und in Scheiben schneiden. Die Zwiebel abziehen, halbieren und in Streifen schneiden. Thymian kalt abbrausen, trocken schütteln und die Blättchen von den Zweigen streifen.

3. Das vorbereitete Gemüse mit 2 EL Olivenöl und Thymian in eine Schale geben und vermengen. Mit Salz und frisch gemahlenem Pfeffer würzen. Das Ganze auf eine Grillschale aus Alu geben und auf dem heißen Grill ca. 10 Minuten grillen, das Gemüse dabei ab und zu wenden.

4. Inzwischen den Mozzarella abtropfen lassen. In einer Schale mit Kapern und Kapernäpfeln vermengen, dann das restliche Olivenöl und den Zitronensaft unterrühren. Mit Salz und frisch gemahlenem Pfeffer würzen. Abdecken und ca. 10 Minuten marinieren lassen.

5. Die Tomaten waschen und trocken reiben. Die Stielansätze herausschneiden und die Tomaten in Spalten schneiden. Den Romanasalat kalt abbrausen, trocken schütteln und grob zerpflücken.

6. Das Fladenbrot vierteln und in jedes Stück eine Tasche einschneiden. Den Romanasalat hineingeben. Das Gemüse vom Grill nehmen und mit dem marinierten Mozzarella vermengen. Das Ganze nochmals würzig abschmecken und in die Brote füllen. Dann rasch servieren.

Tipp

Bei wem der Grill gerade nicht läuft, kann das Gemüse auch in einer Grillpfanne zubereiten.

Vegetarisch & vegan

FRENCH TOAST
MIT KRÄUTERFÜLLUNG

Für 8 Stück:

1 kleines Bd. Petersilie
1 Bd. Basilikum
½ Kästchen Kresse
250 g Mozzarella
8 Scheiben Sandwichtoast
Salz
Pfeffer aus der Mühle
250 ml Milch
2 Eier (Größe M)
hitzebeständiges Olivenöl zum Ausbacken

Zubereitungszeit:
25 Min.

1. Petersilie mit kaltem Wasser abbrausen und trocken schütteln. Die Blättchen von den Stängeln zupfen und fein hacken. Basilikum vorsichtig waschen und trocken tupfen. Die Blättchen ebenfalls abzupfen und fein hacken.

2. Kresse vom Beet schneiden und in ein feinmaschiges Küchensieb geben. Kalt abbrausen und gründlich trocken tupfen, dann hacken. Alle Kräuter vermengen. Mozzarella abtropfen lassen und in dünne Scheiben schneiden.

3. 4 Toastbrotscheiben mit dem Mozzarella belegen und mit den Kräutern bestreuen. Mit Salz und frisch gemahlenem Pfeffer würzen. Mit den übrigen Brotscheiben belegen und diese andrücken.

4. Die Milch mit den Eiern verquirlen. Reichlich Öl in einer Pfanne erhitzen. Die Sandwiches durch die Milch-Ei-Mischung ziehen. Kurz abtropfen lassen und in der heißen Pfanne von beiden Seiten in jeweils 4–5 Minuten goldgelb braten.

5. Toast aus der Pfanne heben und kurz auf Küchenpapier entfetten lassen. Diagonal halbieren und dann sofort servieren.

Tipp

Für French Toast, einem Klassiker aus den USA, eignet sich neben Toastbrot auch altbackenes Weißbrot super; dabei darauf achten, dass die Scheiben nicht zu dünn sind. Beim Belag sind der Fantasie keine Grenzen gesetzt; mal füllt man sie herzhaft, mal brät man nur die eingeweichten Brotscheiben in Butter aus und bestreut sie gleich nach dem Braten mit einer Mischung aus Zimt und Zucker.

Vegetarisch & vegan

VEGANER SEITAN-DÖNER

Für 4 Stück:

200 g Rotkohl
1 EL Apfelessig
3 EL Sonnenblumenöl
Salz
Pfeffer aus der Mühle
1 Prise brauner Zucker
2 Tomaten
4 Blätter Romanasalat
½ Gärtnergurke
1 Knoblauchzehe
1 EL Zitronensaft, frisch gepresst
1 EL körniger Senf
150 g Sojajoghurt natur
250 g Seitan
getrockneter Oregano
getrockneter Thymian
Pul Biber
1 Fladenbrot

Zubereitungszeit: 45 Min.

1. Rotkohl waschen und trocken tupfen. Dann putzen und in feine Streifen schneiden oder hobeln. Mit Apfelessig und 1 EL Sonnenblumenöl vermengen. Mit Salz, frisch gemahlenem Pfeffer und braunem Zucker würzen. Das Ganze gründlich vermischen und leicht durchkneten. Bis zum Servieren abgedeckt durchziehen lassen.

2. Tomaten waschen und trocken reiben. Die Stielansätze herausschneiden und die Tomaten in dünne Scheiben schneiden. Salatblätter waschen, trocken schütteln, putzen und kleiner zupfen. Gurke schälen und in dünne Scheiben schneiden.

3. Für die Soße den Knoblauch schälen und in eine Schüssel pressen. Mit Zitronensaft, Senf, 1 EL Wasser und Sojajoghurt glatt verrühren und das Ganze mit Salz und frisch gemahlenem Pfeffer abschmecken.

4. Seitan in dünne Streifen schneiden. Das übrige Sonnenblumenöl in einer Pfanne erhitzen und den Seitan darin von beiden Seiten ca. 3 Minuten braten. Mit Oregano, Thymian, Pul Biber, Salz und Pfeffer abschmecken.

5. Das Fladenbrot im Ofen bei 120 Grad Ober- und Unterhitze (100 Grad Umluft) erwärmen. Anschließend vierteln und so einschneiden, dass die runden äußeren Ränder nicht aufgeschnitten werden.

6. Die Brote mit Salatblättern, Gurke und Tomaten belegen. Den Kohlsalat einfüllen und Seitan daraufgeben. Mit der Soße beträufeln, Brote leicht andrücken und dann servieren.

Tipp

Wer kein Pul Biber, eine pikante türkische Gewürzmischung, im Haus hat oder bekommt, verwendet Chiliflocken oder Chilipulver.

VITALSANDWICH
MIT AVOCADO

Für 8 Stück:

50 g Walnüsse

2 reife Avocados

2 EL fettarmer Naturjoghurt

Salz

Cayennepfeffer

etwas Zitronensaft, frisch gepresst

12 Radieschen

4 Blätter Kopfsalat

40 g Alfalfasprossen

8 Scheiben Roggenbrot mit ganzen Körnern (à ca. 50 g)

Zubereitungszeit: 25 Min.

1. Die Walnüsse hacken und in einer kleinen beschichteten Pfanne ohne die Zugabe von Fett kurz rösten. Nüsse auf einen Teller geben und auskühlen lassen.

2. Avocados halbieren und die Steine entfernen. Das Fruchtfleisch mit einem Löffel aus den Schalen lösen und mit einer Gabel zerdrücken. Joghurt gründlich untermischen und das Ganze mit Salz, Cayennepfeffer und etwas Zitronensaft abschmecken. Die Walnüsse unterrühren.

3. Radieschen kalt waschen, trocken tupfen, putzen und in dünne Scheibchen schneiden. Salatblätter waschen, putzen und trocken schütteln. Die Alfalfasprossen in ein Küchensieb geben, mit kaltem Wasser abbrausen und gut abtropfen lassen.

4. Die Brotscheiben mit der Avocadocreme bestreichen. 4 Brotscheiben mit Radieschen, Kopfsalat und Alfalfasprossen belegen. Die übrigen Brotscheiben mit der bestrichenen Seite nach unten obenauf legen und leicht andrücken. Die Sandwiches jeweils diagonal halbieren und dann sofort servieren.

Tipp

Bei den Avocados sollte unbedingt darauf geachtet werden, dass vollreife Früchte verwendet werden! Diese geben auf leichten Fingerdruck nach.

DÖNER
MIT LINSEN-MOZZARELLA-FÜLLUNG

Für 4 Stück:

120 g Berglinsen
Salz
1 rote Zwiebel
2 Handvoll Babyspinat
50 g Kapernäpfel
50 g getrocknete Tomaten in Öl (Glas)
250 g Mozzarella
2 kleinere Fladenbrote
3 EL Olivenöl
1 EL weißer Balsamicoessig
Pfeffer aus der Mühle
getrockneter Oregano
4 EL passierte Tomaten (Dose)
Cayennepfeffer

Zubereitungszeit:
35 Min.

Garzeit:
25 Min.

1. Die Linsen nach Packungsanweisung in gesalzenem Wasser in ca. 25 Minuten bissfest kochen.

2. In der Zwischenzeit die Zwiebel schälen und in feine Ringe schneiden. Spinat mit kaltem Wasser waschen, verlesen und in einem Sieb gründlich abtropfen lassen.

3. Die Kapernäpfel abtropfen lassen und dann in feine Scheiben schneiden. Die getrockneten Tomaten aus dem Öl nehmen, abtropfen lassen und bei Bedarf zusätzlich noch mit Küchenpapier trocken tupfen. Dann in kleine Würfel schneiden. Den Mozzarella abtropfen lassen und in Würfel oder feine Scheiben schneiden.

4. Die Brote nach Belieben im Ofen bei ca. 120 Grad Ober- und Unterhitze (100 Grad Umluft) leicht aufbacken. Die Linsen nach Ende der Garzeit abgießen und abtropfen lassen. Dann noch heiß mit Zwiebel, Spinat, Kapernäpfeln und Tomaten vermengen.

5. Olivenöl und Essig verschlagen und mit Salz, frisch gemahlenem Pfeffer und etwas Oregano abschmecken. Das Dressing mit der Linsenmischung vermengen und kurz durchziehen lassen. Die passierten Tomaten leicht mit Oregano und nach Geschmack noch mit etwas Cayennepfeffer würzen.

6. Mozzarella unter die Linsen heben. Die Brote quer halbieren und jeweils von der angeschnittenen Seite aus Taschen einschneiden. Diese vorsichtig auseinanderdrücken und innen mit den passierten Tomaten bestreichen. Mit der Linsenmischung füllen und dann sofort servieren.

Tipp

Die in diesem Rezept verwendeten Linsen haben einen intensiven Geschmack und eine feste Schale. Daher eignen sie sich sehr gut für Salate oder als Beilage, aber auch für Bratlinge. Besonders bekannt sind Berglinsen aus Umbrien.

VEGANES CAESAR SANDWICH

Vegetarisch & vegan

Für 4 Stück:

Für die Soße:
2 EL Nuss- oder Mandelmus
2 EL Sojajoghurt natur
1 EL mittelscharfer Senf
1 EL Weißweinessig
2 EL Hefeflocken
2 EL Olivenöl
1 EL Knoblauchgranulat
1 EL Zwiebelgranulat
2 EL Agavendicksaft
Salz
Pfeffer aus der Mühle

Für die Sandwiches:
2 Tomaten
200 g Räuchertofu
8 Blätter grüner Salat
1 Handvoll Kresse oder Sprossen
8 Scheiben dunkles Sandwichbrot

Zubereitungszeit: 30 Min.

1. Für die Soße Nuss- oder Mandelmus, Sojajoghurt, Senf, Essig, Hefeflocken, Olivenöl, Knoblauch- und Zwiebelgranulat sowie Agavendicksaft in eine Schale geben. Das Ganze glatt verquirlen und mit Salz und frisch gemahlenem Pfeffer abschmecken.

2. Für die Sandwiches die Tomaten waschen, trocken tupfen und putzen, dann in Scheiben schneiden. Räuchertofu in dünne Scheiben schneiden.

3. Die Salatblätter mit kaltem Wasser abbrausen, trocken tupfen und etwas kleiner zupfen. Kresse oder Sprossen in ein Küchensieb geben, kalt abbrausen und gut abtropfen lassen.

4. Die Brotscheiben mit der vorbereiteten Soße bestreichen. Die Hälfte der Brotscheiben zuerst mit Salat, dann mit Tofu und Tomaten belegen. Mit Kresse oder Sprossen bestreuen.

5. Die übrigen Sandwichbrotscheiben darauflegen und leicht andrücken. Diagonal halbieren und das Caesar Sandwich servieren.

Tipp

Wer mag, kann den Räuchertofu, nachdem er in Scheiben geschnitten wurde, noch von beiden Seiten in wenig Öl anbraten. Er schmeckt aber auch ungebraten sehr gut auf diesem Sandwich. Verwendet man Tofu natur, sollte er zuvor eingelegt werden, z. B. in eine Mischung aus Sojasoße, etwas braunem Zucker und fein gehacktem Ingwer.

TOAST
MIT PORTOBELLO-PILZ UND BLAUSCHIMMELKÄSE

Für 4 Stück:

4 große Portobello-Pilze
2 rote Paprikaschoten
2 EL Olivenöl
Salz
Pfeffer aus der Mühle
80 g Blauschimmelkäse
8 Scheiben Weißbrot
6 Stängel Basilikum
120 g streichfähiger Schmelzkäse

Zubereitungszeit:
25 Min.

Backzeit:
20 Min.

1. Backofen auf 200 Grad Ober- und Unterhitze (180 Grad Umluft) vorheizen. Die Portobellos reinigen; dafür am besten ein feuchtes Tuch verwenden und die Pilze nicht waschen. Dann die Stiele herausschneiden.

2. Paprikaschoten halbieren, von weißen Innenhäuten und Kernen befreien und die Schoten waschen. Die Paprikaschoten in dünne Streifen schneiden.

3. Ein Backblech mit Backpapier auslegen. Die Paprikastreifen mit 1 EL Olivenöl vermengen und auf dem Blech verteilen. Die Pilze mit dem übrigen Öl einstreichen und dann mit den Oberseiten nach oben auf das Blech geben. Paprika und Pilze mit Salz und frisch gemahlenem Pfeffer würzen und dann in den vorgeheizten Backofen schieben. Auf der mittleren Schiene 15 Minuten backen.

4. Den Blauschimmelkäse klein würfeln. Das Gemüse aus dem Ofen nehmen, die Pilze umdrehen und die Paprika durchmischen. Den Käse auf die Pilze geben und alles wieder in den Ofen schieben. Die Brote auf den Ofenrost geben und mit in den Ofen schieben. Pilze und Paprika in 5 Minuten fertig garen; das Brot in der Zeit von beiden Seiten knusprig rösten.

5. Basilikum vorsichtig abbrausen und mit Küchenpapier trocken tupfen. Die Blätter abzupfen und in feine Streifen schneiden.

6. Nach Ende der Backzeit die Brotscheiben kurz abkühlen lassen und dann mit dem Schmelzkäse bestreichen. Die Portobello-Pilze auf 4 Brotscheiben setzen und Paprika darauf verteilen. Mit Basilikum bestreuen, die übrigen Brotscheiben darauflegen und Toasts servieren.

Tipp

Wer mag, kann den Schmelzkäse in diesem Rezept noch aromatisieren. Den mediterranen Charakter unterstreicht beispielsweise noch 1 gepresste Knoblauchzehe und etwas Chilipulver, das unter den Schmelzkäse gerührt wird. Oder soll es leicht orientalisch werden? Dann den Schmelzkäse vorsichtig mit etwas Kreuzkümmel und Cayennepfeffer abschmecken. Erlaubt ist, was schmeckt!

BAGEL
MIT FEIGEN UND KÄSE

Für 4 Stück:

100 g Walnüsse
250 g Taleggio-Käse
4 reife Feigen
50 g Rucola
4 Bagels
100 g pflanzliche Halbfettmargarine
2 TL Honig

Zubereitungszeit:
20 Min.

1. Die Walnüsse grob hacken und in einer beschichteten Pfanne ohne die Zugabe von Fett unter Rühren rösten, bis sie duften. Danach die Nüsse auf einem Teller auskühlen lassen.

2. Taleggio in Scheiben schneiden. Feigen waschen, die Stielansätze entfernen und die Feigen in Spalten schneiden. Die festen Stielansätze vom Rucola abschneiden, dann Rucola waschen und sehr gut abtropfen lassen oder trocken tupfen.

3. Die Bagels waagerecht durchschneiden und die Schnittflächen mit der Margarine bestreichen. Die unteren Hälften mit Rucola und den Taleggio-Scheiben belegen.

4. Die Feigen auf dem Käse verteilen und mit dem Honig beträufeln. Mit den inzwischen ausgekühlten Walnüssen bestreuen. Die oberen Bagelhälften daraufsetzen und servieren.

Tipp
Für diese pikant-würzige, italienisch inspirierte Kreation eignet sich ein herzhafter Vollkornbagel genauso gut wie ein leckerer Sesambagel.

VEGANES CRACKER-SANDWICH

Vegetarisch & vegan

Für 4 Stück:

4 Stängel Dill
100 g Sojaghurt natur
4 TL veganes grünes Pesto
1 TL Limettensaft, frisch gepresst
Salz
Pfeffer aus der Mühle
1 Möhre
1 kleine Knolle Rote Bete
1/2 Zitrone (unbehandelt)
1 EL getrocknete Cranberrys
1 Birne
4 EL Sojasoße
1 EL Agavendicksaft
2 Handvoll Brunnenkresse (alternativ Feldsalat)
40 g frischer Meerrettich
24 vegane quadratische Cracker mit Sesam

Zubereitungszeit:
40 Min.

1. Dill kalt abbrausen, trocken schütteln und die Fähnchen fein hacken. Mit dem Sojajoghurt, Pesto und Limettensaft glatt verrühren. Dann das Ganze mit Salz und frisch gemahlenem Pfeffer abschmecken.

2. Möhre putzen und schälen, dann in feine Scheiben schneiden. Rote Bete schälen und ebenfalls in feine Scheibchen schneiden; dabei unbedingt Küchenhandschuhe tragen, weil diese Knollen stark färben.

3. Zitrone heiß waschen und trocken reiben. Die Schale fein abreiben und den Saft auspressen. Die Cranberrys grob hacken. Birne waschen und trocken reiben. Danach in Viertel schneiden, das Kerngehäuse entfernen und das Fruchtfleisch in Scheiben schneiden.

4. Sojasoße mit Agavendicksaft, Zitronensaft und Zitronenabrieb in einer Schale verrühren. Birne, Möhre, Rote Bete und Cranberrys damit gründlich vermengen und ca. 5 Minuten ziehen lassen.

5. In der Zwischenzeit Brunnenkresse waschen und trocken schütteln oder trocken tupfen. Meerrettich schälen und in feine Streifen hobeln oder reiben.

6. 12 Cracker auf der Arbeitsfläche auslegen und jeweils eine Seite mit Pesto-Joghurt bestreichen. Darauf Birne, Möhre und Rote Bete verteilen. Brunnenkresse und Meerrettich daraufgeben und mit den übrigen Crackern belegen. Leicht andrücken, Cracker auf einer Servierplatte anrichten und rasch servieren.

Tipp

Veganes Pesto lässt sich auch super und unkompliziert selbst zubereiten. Dafür 75 g Walnüsse in einer Pfanne anrösten, bis sie duften; dabei darauf achten, dass sie nicht zu dunkel werden. Basilikumblätter von 1 Topf abzupfen, bei Bedarf abbrausen und trocken tupfen. 1 Knoblauchzehe schälen. Alles mit dem Pürierstab fein zerkleinern. Dann ca. 150 ml Olivenöl unterrühren; so viel Öl zugeben, bis die gewünschte Konsistenz erreicht ist. Mit Salz, frisch gemahlenem Pfeffer und nach Wunsch mit etwas unbehandelter Zitronenschale abschmecken.

Vegetarisch & vegan

SANDWICH MIT MEDITERRANEM GETREIDE-OLIVEN-BRATLING

Abb. Seite 61

Für 4 Stück:

Für die Bratlinge:
100 g Grünkern
100 g Räuchertofu
100 g entsteinte schwarze Oliven
1 Ei (Größe M)
1 Zwiebel
1 Knoblauchzehe
1 rote Chilischote
8 Stängel Petersilie
5 EL Sonnenblumenöl
Salz, Pfeffer
Paniermehl

Für das Olivenpesto:
1 Knoblauchzehe
100 g entsteinte grüne Oliven
1 EL geschälte Mandeln
1 EL Zitronensaft
4 EL Olivenöl
Salz, Pfeffer

Für die Sandwiches:
150 g Feta
1 kleine milde Zwiebel
1 Frühlingszwiebel
4 Blätter Radicchio
1 Tomate
4 Ciabattabrötchen
Salz, 2 EL Olivenöl

Zubereitungszeit: 50 Min.

Einweich- und Garzeit: 2 Std.

1. Für die Bratlinge den Grünkern in einer Schüssel mit Wasser bedeckt ca. 1 Stunde einweichen. Anschließend mit 400 ml Wasser 1 Stunde leise köcheln lassen.

2. Tofu klein schneiden und mit Oliven und Ei pürieren. Zwiebel und Knoblauch abziehen und hacken. Chili waschen, putzen und fein hacken. Petersilie abbrausen, trocknen und hacken.

3. 1 EL Sonnenblumenöl in einer Pfanne erhitzen und Zwiebel mit Knoblauch glasig anschwitzen. Die Chilischote und die Petersilie untermengen und alles abkühlen lassen.

4. Grünkern nach Garzeitende abtropfen lassen. Mit der Olivenmasse und der Zwiebelmischung vermengen. Salzen und pfeffern. Nach und nach so viel Paniermehl daruntermengen, dass es gut formbar ist. 4 Bratlinge formen.

5. Für das Pesto Knoblauch abziehen. Mit Oliven, Mandeln, Saft und Öl pürieren. Salzen und pfeffern.

6. Für die Sandwiches Feta in 8 Scheiben schneiden. Zwiebel schälen. Frühlingszwiebel waschen, putzen und mit Zwiebel in Ringe schneiden. Radicchio waschen, putzen, trocknen und kleiner zupfen. Tomate waschen und in Scheiben schneiden.

7. Bratlinge auf beiden Seiten jeweils 4–5 Minuten goldbraun braten. Brötchen halbieren und mit Pesto bestreichen. Untere Brötchenhälften mit Salat, Bratlingen, Zwiebel, Frühlingszwiebel, Tomate und Feta belegen. Salzen und mit Öl beträufeln. Obere Brötchenhälften aufsetzen.

Mit Fisch & Co.

Mit Fisch & Co.

BAGEL
MIT MAKRELENMOUSSE

Für 4 Stück:

100 g geräuchertes Makrelenfilet
75 g Frischkäse natur
2 EL Mayonnaise
je 4 Stängel Dill und Petersilie
1/4 Bd. Schnittlauch
Paprikapulver edelsüß
Pfeffer aus der Mühle
1 Handvoll Babyspinat
1/4 Bd. Rucola
4 Bagels

Zubereitungszeit:
30 Min.

Kühlzeit:
30 Min.

1. Die Haut des Makrelenfilets abziehen und den Fisch fein zerrupfen; dabei darauf achten, dass man mögliche Gräten entfernt. In eine Schale geben und Frischkäse mit Mayonnaise hinzufügen. Mit einer Gabel so lange durcharbeiten, bis die Mischung eine cremige Konsistenz erhält.

2. Dill und Petersilie abbrausen, trocken schütteln und die Spitzen bzw. Blättchen sehr fein hacken. Schnittlauch abbrausen, trocken schütteln und in sehr feine Röllchen schneiden. Dann die Kräuter unter das Makrelenmousse rühren.

3. Makrelenmousse mit Paprikapulver und frisch gemahlenem Pfeffer abschmecken. Dann abdecken und ca. 30 Minuten kalt stellen.

4. Spinat waschen, verlesen und gründlich abtropfen lassen. Rucola waschen, trocken tupfen und die festen Enden abschneiden. Die Bagels halbieren und leicht toasten.

5. Die Unterseiten der Bagels großzügig mit der Makrelencreme bestreichen. Mit Spinat und Rucola belegen. Zum Schluss die oberen Hälften der Bagels auflegen und rasch servieren.

Tipp

Für dieses Rezept eignen sich auch andere geräucherte Fische wie Forelle oder Saibling.

Mit Fisch & Co.

LORD LACHS

Für 8 Stück:

600 g norwegisches Lachsfilet
Salz
Pfeffer aus der Mühle
1 Limette
1 EL Sonnenblumenöl
1 Avocado
einige Blätter Kopfsalat
12 Scheiben Toastbrot
8 Scheiben Bacon
4 EL Tomatenketchup
3 EL Mayonnaise

Zubereitungszeit: 25 Min.

1. Lachsfilet bei Bedarf noch von Haut und Gräten befreien. Dann kalt abbrausen und trocken tupfen. Fisch in 8 gleich große dünne Scheiben schneiden. Von beiden Seiten leicht mit Salz und frisch gemahlenem Pfeffer würzen.

2. Limette halbieren und auspressen, dann den vorbereiteten Fisch mit der Hälfte des Safts beträufeln. Die Filets rundum mit dem Öl einstreichen.

3. Avocado längs halbieren, den Stein entfernen und die Avocado schälen. Das Fruchtfleisch in Scheiben schneiden. Mit dem übrigen Limettensaft beträufeln und mit Salz und frisch gemahlenem Pfeffer würzen. Salatblätter kalt abbrausen, trocken tupfen und bei Bedarf etwas kleiner zupfen.

4. Das Toastbrot auf dem Grill oder im Toaster hellbraun rösten. Bacon auf dem heißen Grill oder in einer beschichteten Pfanne knusprig braten. Den vorbereiteten Lachs dazugeben und von beiden Seiten ca. 2 Minuten braten.

5. 4 Toastscheiben mit Ketchup bestreichen. Gleichmäßig mit Lachs und Speck belegen. 4 weitere Toastscheiben darauflegen, leicht andrücken und die Oberseite jeweils mit Mayonnaise bestreichen. Mit Salatblättern und Avocadoscheiben belegen.

6. Die übrigen Brotscheiben auf Salat und Avocado geben und leicht andrücken. Die Sandwiches diagonal halbieren und jeweils mit Zahnstochern fixieren. Lord Lachs sofort servieren.

PITA-BURGER
MIT THUNFISCHTATAR

Für 4 Stück:

2 Essiggurken
4 Blätter grüner Salat
1 weiße Zwiebel
250 g Thunfischfilet in Sushi-Qualität
1 Spritzer Zitronensaft
1 EL Traubenkernöl
Meersalz
4 kleine Pitabrötchen
Paprikapulver rosenscharf

Zubereitungszeit: 20 Min.

1. Die Essiggurken abtropfen lassen und in dünne Scheiben schneiden. Die Salatblätter abbrausen, trocken schütteln und kleiner zupfen. Die Zwiebel abziehen und dann in dünne Ringe schneiden.

2. Den Thunfisch mit kaltem Wasser abbrausen und mit Küchenpapier trocken tupfen. Den Fisch zu feinem Tatar hacken. Danach mit Zitronensaft und Traubenkernöl vermengen und mit Meersalz abschmecken.

3. Pitabrötchen waagerecht halbieren und im Ofen bei 120 Grad Ober- und Unterhitze (100 Grad Umluft) erwärmen. Mit Zwiebel, Salat, Gurken und Tatar belegen. Die Brötchendeckel auflegen und mit etwas Paprikapulver bestäuben. Danach sofort servieren.

Tipp

Neben Thunfisch eignet sich natürlich auch anderer Fisch für Tatar, wie beispielsweise Lachs- oder Matjesfilets. Dabei ist unbedingt auf Frische zu achten, beim Fischhändler am besten nach Sushi-Qualität fragen.

THAI-HOTDOG
MIT SHRIMPSSALAT

Mit Fisch & Co.

Für 4 Stück:

4 Blätter Eisbergsalat
8 Stängel Koriander
2 Möhren
1 kleines Stück Ingwer
50 g ungesalzene Erdnüsse
250 g gegarte Cocktail-Shrimps
2 EL Fischsoße
2 EL Limettensaft, frisch gepresst
1 EL Sesamöl
brauner Zucker
Salz
Chilipulver
4 Hotdog-Brötchen

Zubereitungszeit: 20 Min.
Ziehzeit: 20 Min.

1. Die Salatblätter kalt waschen, putzen und trocken tupfen, dann in dünne Streifen schneiden. Koriander mit kaltem Wasser abbrausen und trocken schütteln. Die Blättchen abzupfen und fein hacken.

2. Möhren schälen und auf der Küchenreibe fein raspeln. Den Ingwer schälen und sehr fein hacken oder auf der Küchenreibe sehr fein reiben. Die Erdnüsse im Mörser grob zerstoßen. Shrimps kalt abbrausen und trocken tupfen.

3. Erdnüsse mit Fischsoße, Limettensaft, Sesamöl und 1 EL Wasser verrühren. Das Ganze mit wenig braunem Zucker, Salz sowie Chilipulver verrühren und abschmecken. Shrimps in eine Schale geben und mit Salat, Koriander, Möhren und Ingwer vermischen. Die vorbereitete Marinade untermengen und das Ganze abgedeckt ca. 20 Minuten ziehen lassen.

4. Die Hotdog-Brötchen an einer Längsseite einschneiden; die andere Längsseite nicht durchschneiden. Den Salat nach Ende der Ziehzeit nochmals abschmecken, etwas abtropfen lassen und dann in die Brötchen geben. Leicht zusammendrücken und rasch servieren.

Tipp

Der thailändische Einschlag dieses Rezepts macht den Klassiker Hotdog zu einem wahren Geschmackserlebnis, denn er kommt erfrischend und leicht daher.

Mit Fisch & Co.

WEISSKOHL-SANDWICH
MIT HERING UND BACON

Für 4 Stück:

250 g Weißkohl
2 EL Zucker
1 TL Estragonessig
2 EL Sonnenblumenöl
8 Scheiben Bacon
Pfeffer aus der Mühle
Salz
4 Baguettebrötchen
4 Blätter grüner Salat
2 feste Tomaten
4 mildsaure Bismarckherings- oder Matjesfilets, abgetropft

Zubereitungszeit:
35 Min.

Ziehzeit:
30 Min.

1. Den Kohl waschen, trocken tupfen und die Blätter putzen. Dann mit einem großen Küchenmesser in feine Streifen schneiden. Zucker mit Essig in einer Rührschüssel so lange verquirlen, bis sich der Zucker gelöst hat.

2. 1 EL Sonnenblumenöl mit dem Essig verrühren. Die Kohlstreifen dazugeben und alles gut vermengen. 20–30 Minuten durchziehen lassen.

3. Das übrige Öl in einer Pfanne erhitzen und den Bacon darin von beiden Seiten knusprig braten. Anschließend herausnehmen, auf Küchenpapier entfetten lassen und warm stellen. Das Fett aus der Pfanne zum Kohl geben und untermengen. Mit frisch gemahlenem Pfeffer und wenig Salz würzen.

4. Die Brötchen aufschneiden. Salatblätter kalt abbrausen und trocken tupfen. Tomaten waschen, trocken reiben, putzen und in Scheiben schneiden.

5. Auf die unteren Hälften der Brötchen jeweils 1 Salatblatt geben. Ein Viertel des Krauts leicht abtropfen lassen und daraufgeben. Dann mit je einem Viertel des Bacons, der Tomaten und zuletzt mit je 1 Fischfilet belegen. Die oberen Brötchenhälften auflegen und Sandwiches servieren.

Tipp

Wer noch mehr Fisch auf diesem Sandwich möchte, gibt zusätzlich noch etwas geräucherten Lachs in Scheiben und hart gekochtes und in Scheiben geschnittenes Ei darauf. Remoulade macht das Ganze noch etwas saftiger.

BAGEL
MIT FORELLE UND SHISOKRESSE

Für 4 Stück:

1 Frühlingszwiebel
150 g Naturjoghurt
Salz
2 EL Zitronensaft, frisch gepresst
1 EL körniger Senf
1 EL flüssiger Honig
1 Kästchen Shisokresse
1 Handvoll Rucola
200 g geräuchertes Forellenfilet ohne Haut
4 Bagels mit Sesam

Zubereitungszeit:
30 Min.

1. Frühlingszwiebel waschen, putzen und in feine Ringe schneiden. Mit dem Joghurt verrühren und mit Salz sowie 1 EL frisch gepresstem Zitronensaft abschmecken. Senf mit Honig, 1 EL Wasser und dem übrigen Zitronensaft glatt verrühren.

2. Die Kresse vom Beet schneiden. Rucola waschen und trocken tupfen. Die festen Stielenden abschneiden und nach Bedarf etwas kleiner zupfen. Den Fisch in Stücke teilen.

3. Die Bagels waagerecht halbieren und mit dem Joghurt bestreichen. Die unteren Bagelhälften mit dem Rucola belegen und darauf die Forellenstücke geben.

4. Den Fisch mit Shisokresse bestreuen. Dann die Senfsoße darüberträufeln, die oberen Bagelhälften auflegen und rasch servieren.

Tipp

Shisokresse stammt aus Japan und hat lilafarbene Blättchen. Der Geschmack ist leicht pfeffrig und gibt Gerichten, wie diesen Bagels, einen Extra-Würzekick.

BURGER MIT SKREI

Für 4 Stück:

800 g norwegisches Skreifilet

½ Bd. Petersilie

6 Stängel Zitronenmelisse

2 Eier (Größe M)

4 EL Paniermehl

Salz

bunter Pfeffer aus der Mühle

2 Tomaten

4 Blätter Eisbergsalat

200 g Mayonnaise

4 EL Tomatenketchup

Cayennepfeffer

4 Burgerbrötchen

Pflanzenöl zum Braten

Zubereitungszeit: 30 Min.

Ziehzeit: 20 Min.

1. Vom Skrei Haut und Gräten entfernen, dann waschen und trocken tupfen. Den Fisch in große Würfel schneiden und in den Standmixer geben. Das Ganze zu einer glatten Farce verarbeiten.

2. Petersilie und Zitronenmelisse mit kaltem Wasser abbrausen und trocken schütteln. Die Blättchen abzupfen und fein hacken. Beides mit Eiern und Paniermehl gründlich unter den Fisch mengen und mit Salz und Pfeffer würzen. Den Fisch in eine Schale geben, mit Alufolie abdecken und 20 Minuten im Kühlschrank durchziehen lassen.

3. Die Tomaten waschen, trocken tupfen und die Stielansätze entfernen, dann in Scheiben schneiden. Salatblätter kalt abbrausen, trocken tupfen und putzen.

4. Für die Burgersoße Mayonnaise mit Ketchup glatt verrühren und würzig mit Cayennepfeffer, buntem Pfeffer und etwas Salz abschmecken. Burgerbrötchen waagerecht halbieren und bei 120 Grad Ober- und Unterhitze (100 Grad Umluft) im Backofen erwärmen.

5. Aus der Fischmasse 4 Patties formen. Etwas Öl in einer Pfanne erhitzen und die Patties darin von beiden Seiten goldgelb braten. Anschließend herausheben und auf Küchenpapier entfetten lassen.

6. Die Schnittflächen der warmen Burgerbrötchen mit der Burgersoße einstreichen und die unteren Hälften mit den vorbereiteten Zutaten belegen. Die oberen Brötchenhälften auflegen, leicht andrücken und die Burger servieren.

Tipp

Skrei, der Winterkabeljau, wird vor den norwegischen Lofoten gefangen. Hier hat er im Winter eine rund 600 km lange Wanderschaft von der Barentssee aus hinter sich; daher ist sein Fleisch fest und fettarm.

Mit Fisch & Co.

TOAST HELGOLAND

Für 8 Stück:

4 Eier (Größe M)
1 daumengroßes Stück Meerrettich
4 EL Mayonnaise
4 EL Frischkäse natur
Salz
Pfeffer aus der Mühle
1 milde Zwiebel
8 Scheiben Sandwichtoast
150 g geräucherter Lachs in Scheiben

Zubereitungszeit: 20 Min.

1. Die Eier an der stumpfen Seite anstechen und in einem Topf knapp mit Wasser bedecken. Das Wasser aufkochen und die Eier darin in ca. 8 Minuten hart kochen. Anschließend kalt abschrecken, schälen und in Scheiben schneiden.

2. Während die Eier kochen, schon mal den Meerrettich schälen und fein reiben. Mit Mayonnaise und Frischkäse glatt verrühren. Die Creme dann mit Salz und frisch gemahlenem Pfeffer abschmecken.

3. Die Zwiebel abziehen, putzen und in sehr feine Ringe schneiden. Das Toastbrot toasten und dann dünn mit der vorbereiteten Meerrettichcreme bestreichen.

4. Auf die Hälfte der Brotscheiben Lachs, Eierscheiben und die Zwiebelringe legen. Die übrigen Brotscheiben auflegen und leicht andrücken.

5. Die Sandwiches diagonal halbieren und mit Zahnstochern fixieren. Dann sofort servieren.

Tipp

Auch friesisch-gut: Krabbentoast. Dafür die Meerrettich-Mayonnaise wie oben beschrieben zubereiten. Zusätzlich jeweils 1 TL Ketchup und Cognac unterrühren und mit Cayennepfeffer abschmecken. 200 g geschälte und gegarte Nordseekrabben unterrühren. 1 Stück Apfel klein schneiden und die Fähnchen von 6 Stängeln Dill hacken. Beides unter die Krabben mengen. Das Ganze auf 4 Scheiben getoastetes Sandwichbrot geben, 4 weitere Scheiben auflegen und andrücken. Diagonal halbieren und servieren.

FISCHSTÄBCHEN-HOTDOG

Mit Fisch & Co.

Für 4 Stück:

Für die Tomatensoße:
4 Tomaten
1 Schalotte
1 Knoblauchzehe
1 Zweig Rosmarin
4 EL Pflanzenöl
1 EL Tomatenmark
100 ml Rotwein
Salz, Pfeffer
1 TL Paprikapulver edelsüß
1 Prise Zucker

Für die Fischstäbchen:
2 Fischfilets (à ca. 150 g; z. B. Seelachs)
2 EL Zitronensaft
Salz, Pfeffer
1 EL Mehl (Type 405)
1 Ei (Größe M)
4 EL Paniermehl
Butterschmalz zum Ausbacken

Außerdem:
1 rote Zwiebel
4 Hotdog-Brötchen

Zubereitungszeit: 50 Min.

Garzeit: 15 Min.

1. Für die Tomatensoße Tomaten einritzen und mit kochendem Wasser überbrühen. Kurz ziehen lassen, dann abschrecken und häuten. Tomaten vierteln, entkernen und würfeln.

2. Schalotte und Knoblauch schälen und hacken. Rosmarin abbrausen, trocken schütteln und Nadeln hacken. In einer Pfanne 1 EL Öl erhitzen und Schalotte mit Knoblauch darin glasig anschwitzen. Tomatenmark einrühren, mit Rotwein ablöschen und Tomaten zugeben. Bei milder Hitze in ca. 15 Minuten sämig einköcheln lassen.

3. Für die Fischstäbchen die Fischfilets abbrausen, trocken tupfen und dann in jeweils 4 gleichmäßige Stücke schneiden. Mit Zitronensaft beträufeln und mit Salz und Pfeffer würzen.

4. Mehl, Ei und Paniermehl getrennt voneinander in tiefe Teller geben, das Ei verquirlen. Fisch zuerst leicht in Mehl wenden, dabei das überschüssige Mehl abklopfen. Dann durch das Ei ziehen und zum Schluss in Paniermehl wenden.

5. Butterschmalz in einer Pfanne erhitzen und Fischstäbchen rundum goldbraun braten. Abgedeckt warm halten.

6. Rosmarin kurz vor Ende der Garzeit zur Tomatensoße geben und das Ganze mit Salz, Pfeffer, Paprikapulver und Zucker abschmecken.

7. Die Zwiebel schälen, halbieren und in feine Streifen schneiden. Brötchen waagerecht halbieren und die Schnittflächen unter dem heißen Ofengrill knusprig rösten. Mit Tomatensoße bestreichen und mit Fischstäbchen belegen. Mit der Zwiebel bestreuen, die Brötchendeckel auflegen und dann servieren.

Tipp

Die Tomatensoße kann auch mal durch eine würzig-pikante Tomatensalsa ersetzt werden. Ein leckeres Rezept gibt es auf Seite 32.

MEDITERRANES THUNFISCH-SANDWICH

Mit Fisch & Co.

Für 4 Stück:

1 große Fleischtomate
350 g Thunfischfilet in Sushi-Qualität
8 Scheiben Bacon
125 g Mozzarella
1 Handvoll Babyspinat
4 Scheiben Tramezzinibrot
4 EL Basilikumpesto
Meersalz
Pfeffer aus der Mühle
Pflanzenöl zum Backen

Zubereitungszeit:
20 Min.

1. Die Tomate waschen und trocken reiben. Den Stielansatz herausschneiden und aus der Mitte 4 große Scheiben schneiden. Das Thunfischfilet mit kaltem Wasser abbrausen, mit Küchenpapier trocken tupfen und in 4 nicht zu dicke Scheiben schneiden. Jeweils mit 2 Scheiben Bacon einwickeln.

2. Den Mozzarella abtropfen lassen und dann in dünne Scheiben schneiden. Den Spinat gründlich waschen, verlesen und gut abtropfen lassen.

3. Die Hälfte der Tramezzinischeiben mit dem Pesto bestreichen, dabei einen schmalen Rand freilassen. Auf das Pesto die Tomatenscheiben, etwas Spinat, den Thunfisch, Mozzarella und übrigen Spinat schichten. Auch hierbei darauf achten, dass man die Brotscheiben nicht bis zum Rand belegt. Die einzelnen Schichten jeweils mit wenig Meersalz und frisch gemahlenem Pfeffer würzen.

4. Die übrigen Scheiben Tramezzinibrot obenauf legen und die Ränder fest zusammendrücken. Den Sandwichmaker ölen und die Sandwiches darin goldbraun backen. Diagonal halbieren und dann servieren.

Tipp

Basilikumpesto lässt sich super selbst machen: 2 EL Pinienkerne in einer Pfanne rösten. 1 Bd. Basilikum waschen, trocknen und Blättchen abzupfen. 2 Knoblauchzehen abziehen und mit Basilikum, Pinienkernen und 1 Prise Salz pürieren. 125 ml Olivenöl und 50 g geriebenen Parmesan portionsweise unterrühren, bis das Pesto schön cremig ist. Mit Salz abschmecken.

Tipp

Tramezzinibrot ist hellem Toastbrot sehr ähnlich, allerdings noch feinporiger. Für dieses Rezept eignet sich daher auch weißes Toast- oder Sandwichbrot.

HUMMER-SANDWICH

Mit Fisch & Co.

Für 4 Stück:

400 g gegartes und ausgelöstes Hummerfleisch
2 Frühlingszwiebeln
$1/4$ Stange Sellerie
8 Stängel Petersilie
1 Zitrone (unbehandelt)
4 EL Olivenöl
1 Prise Zucker
Salz
Pfeffer aus der Mühle
4 Sandwichbrötchen

Zubereitungszeit:
20 Min.

1. Das ausgelöste Hummerfleisch in mundgerechte Stücke schneiden. Frühlingszwiebeln waschen, putzen und in schräge, dünne Ringe schneiden. Sellerie putzen, waschen, trocken tupfen und fein hacken. Petersilie kalt abbrausen und trocken schütteln, die Blättchen von den Stängeln zupfen und dann fein hacken.

2. Zitrone heiß waschen, trocken reiben und die Schale fein abraspeln. Den Saft auspressen und 3 EL davon mit Zitronenabrieb, 2 EL Olivenöl und Zucker verrühren. Dressing mit Salz und frisch gemahlenem Pfeffer abschmecken.

3. Hummer mit Frühlingszwiebeln, Sellerie und Petersilie in eine Schale geben und vermengen. Mit dem Dressing vermischen und abschmecken. Kurz durchziehen lassen.

4. Die Brötchen längs einschneiden, dabei eine Längsseite nicht durchschneiden. Brötchen leicht auseinanderklappen und Schnittflächen mit dem übrigen Öl beträufeln.

5. Die Schnittflächen der Brötchen auf dem heißen Grill, in einer Grillpfanne oder unter dem heißen Backofengrill knusprig rösten. Dann mit dem Hummersalat füllen und servieren.

Tipp

Dieses Rezept lässt sich natürlich beliebig erweitern. Wer mag, mengt noch je 1 EL Mayonnaise und Naturjoghurt unter den Hummersalat. Eine fruchtige Note bekommt er, wenn man etwas Ananasfruchtfleisch klein schneidet und untermischt. Auch in kleine Würfel geschnittene Tomate passt gut dazu.

Mit Fisch & Co.

LACHS-SANDWICH
MIT FRISCHKÄSECREME

Für 12 Stück:

200 g Frischkäse natur
50 ml Milch
1 fingergroßes Stück Meerrettich
Salz
Pfeffer aus der Mühle
4 Blätter Kopfsalat
$1/2$ Bd. Schnittlauch
12 Scheiben Sandwichtoast
150 g geräucherter Lachs in Scheiben

Zubereitungszeit: 20 Min.

1. Frischkäse mit Milch glatt rühren. Den Meerrettich schälen und auf der Küchenreibe fein raspeln. Unter die Creme mischen. Mit Salz und frisch gemahlenem Pfeffer abschmecken und dann kurz durchziehen lassen.

2. Die Salatblätter waschen, putzen und trocken schütteln. Schnittlauch mit kaltem Wasser abbrausen, trocken tupfen und in feine Röllchen schneiden.

3. 8 Brotscheiben mit der Frischkäsemischung bestreichen. Mit Lachs belegen und mit Schnittlauch bestreuen. Je 2 der belegten Brotscheiben übereinanderlegen, sodass eine mit Frischkäse bestrichene Seite nach oben zeigt.

4. Je 1 Salatblatt auf jeden Sandwichstapel legen. Die übrigen Brotscheiben auflegen. Jedes Lachssandwich in 3 Streifen schneiden und servieren.

Tipp

Sehr gut schmecken die Sandwiches auch, wenn man sie mit anderem geräuchertem Fisch wie Forelle oder mit geräucherter Hühnerbrust serviert. Die Frischkäsecreme lässt sich auch noch mit geraspelter Gurke verfeinern. Dafür $1/2$ kleine Gurke schälen und auf der Küchenreibe raspeln. Die Gurke sollte dann in einem Küchensieb einige Minuten abtropfen, ansonsten verwässert die Creme.

Mit Fisch & Co.

BAGUETTE-SANDWICH MIT SCHWERTFISCH

Abb. Seite 87

Für 4 Stück:

200 g Rotkohl
1 EL weißer Balsamicoessig
1 TL Honig
1 EL Olivenöl
Salz
Pfeffer aus der Mühle
2 Möhren
4 Blätter Romanasalat
1 Frühlingszwiebel
400 g Schwertfischfilet
1 Knoblauchzehe
1 EL Sonnenblumenöl
1 TL Zitronensaft, frisch gepresst
2 Baguettebrötchen
4 EL Mayonnaise
Cayennepfeffer
Worcestersoße

Zubereitungszeit: 35 Min.

1. Den Rotkohl waschen und trocken tupfen. Dann putzen und in feine Streifen schneiden oder hobeln. Essig, Honig und Olivenöl glatt verrühren und mit Salz sowie frisch gemahlenem Pfeffer würzen. Das Ganze mit dem Kohl vermengen und leicht kneten oder stampfen. Abgedeckt durchziehen lassen.

2. Die Möhren schälen und fein raspeln. Die Salatblätter waschen, trocken schütteln und putzen, dann in feine Streifen schneiden. Frühlingszwiebel waschen, putzen und in dünne Ringe schneiden.

3. Den Schwertfisch mit kaltem Wasser abbrausen, mit Küchenpapier trocken tupfen und in 4 längliche Scheiben schneiden. Rundum mit Salz und mit frisch gemahlenem Pfeffer würzen. Den Knoblauch abziehen und in Scheiben schneiden.

4. Sonnenblumenöl in einer Grillpfanne erhitzen. Fisch mit Knoblauch zugeben und auf beiden Seiten je 1 Minute braten; soll der Fisch durchgegart werden, etwas länger in der Pfanne lassen. Mit dem Zitronensaft beträufeln.

5. Die Brötchen halbieren und jeweils der Länge nach einschneiden; die eine Längsseite sollte nicht durchgeschnitten werden. Mayonnaise mit etwas Cayennepfeffer und Worcestersoße abschmecken. Die Schnittflächen der Baguettebrötchen damit bestreichen.

6. Je 1 Stück Fisch in die Brötchen geben. Mit Rotkohlsalat, Möhren, Salat und Frühlingszwiebel füllen. Nach Wunsch noch mit etwas Cayennepfeffer bestreuen, dann zusammenklappen und Sandwiches servieren.

Mit Fleisch & Co.

Mit Fleisch & Co.

TOMATEN-SANDWICH
MIT SCHINKEN UND SCHAFSKÄSE

Für 8 Stück:

4 Blätter Endiviensalat
2 Tomaten
150 g Schafskäse
100 g Mayonnaise
2 EL Naturjoghurt
2 EL mittelscharfer Senf
2 TL flüssiger Honig
Salz
Pfeffer aus der Mühle
8 Scheiben Sandwichtoast
4 Scheiben gekochter Schinken

Zubereitungszeit:
15 Min.

1. Die Salatblätter waschen und trocken schütteln. Tomaten waschen, trocken tupfen und die Stielansätze ausschneiden. Dann die Tomaten in dünne Scheiben schneiden.

2. Den Schafskäse in dünne Scheiben schneiden. Mayonnaise mit Joghurt, Senf und Honig glatt verrühren. Mit Salz und frisch gemahlenem Pfeffer abschmecken.

3. Das Brot toasten und die Scheiben jeweils auf einer Seite mit der Mayo-Joghurt-Creme bestreichen. Darauf den Salat und die Tomaten legen. 2 Sandwiches mit Schinken belegen, die übrigen mit dem Feta.

4. Die restlichen Toastscheiben auflegen und alle Sandwiches diagonal halbieren. Nach Belieben mit Spießen fixieren und servieren.

Tipp

Diesem so leckeren wie einfachen Rezept liegt ein Dauerbrenner aus den USA zugrunde. Beim sogenannten BLT-Sandwich wird der Schinken durch kross ausgebratenen Bacon ersetzt; B steht für Bacon, L für Lettuce, also Salat, und T für die Tomate.

HÄHNCHEN-PANINI
MIT MIMOLETTE

Für 4 Stück:

4 EL Mayonnaise
1 TL Dijonsenf
Limettensaft, frisch gepresst
Salz
Cayennepfeffer
2 Frühlingszwiebeln
100 g Mimolette
4 Hähnchenschnitzel (à ca. 150 g)
2 EL Rapsöl
Pfeffer aus der Mühle
4 Paninibrote

Zubereitungszeit: 25 Min.

1. Die Mayonnaise mit Senf glatt rühren. Mit sehr wenig Limettensaft, etwas Salz und Cayennepfeffer abschmecken. Abdecken und bis zur Weiterverwendung beiseitestellen.

2. Frühlingszwiebeln mit kaltem Wasser waschen, putzen und in dünne Ringe schneiden. Den Käse in dünne Scheiben schneiden.

3. Hähnchenschnitzel mit kaltem Wasser waschen und mit Küchenpapier trocken tupfen. Jedes Schnitzel halbieren und dann zwischen zwei Lagen Frischhaltefolie mit einem Plattiereisen oder mit dem Boden einer schweren Pfanne vorsichtig etwas flacher klopfen.

4. In einer Pfanne das Rapsöl erhitzen. Das Fleisch darin 3–4 Minuten von jeder Seite braten. Dann auf beiden Seiten mit Salz und frisch gemahlenem Pfeffer würzen.

5. Die Brote waagerecht halbieren und jeweils etwas Senf-Mayonnaise auf die Schnittflächen streichen. Die noch warmen Schnitzel auf den unteren Brothälften verteilen.

6. Mimolette auf das Fleisch geben und mit den Frühlingszwiebeln bestreuen. Die oberen Brötchenhälften auflegen. Dann die Sandwiches im heißen Kontaktgrill einige Minuten backen, bis der Käse schmilzt. Hähnchen-Panini danach sofort heiß servieren.

Tipp
Bekommt man für dieses Rezept keinen Mimolette, kann auch alter Gouda verwendet werden.

Mit Fleisch & Co.

BAGEL
MIT HÄHNCHEN UND MANGO

Für 8 Stück:

2 Hähnchenbrustfilets (à ca. 150 g)
Salz
weißer Pfeffer aus der Mühle
2 EL Sonnenblumenöl
1 Mango
1 Bd. Koriander
2 kleine Chilischoten
4 große Blätter grüner Salat
1 kleine rote Zwiebel
100 g Joghurtbutter, weich
2 EL Zitronensaft, frisch gepresst
½ TL getrocknete Chiliflocken
½ TL scharfes Currypulver
8 Bagels mit Sonnenblumenkernen

Zubereitungszeit: 35 Min.

1. Für die Füllung Hähnchenbrustfilets kalt abbrausen und mit Küchenpapier trocken tupfen. Dann rundum mit Salz und weißem Pfeffer würzen. Sonnenblumenöl in einer beschichteten Pfanne erhitzen und die Filets darin unter Wenden ca. 10 Minuten braten. Anschließend aus der Pfanne nehmen und abkühlen lassen.

2. Die Mango schälen. Von einer Hälfte das Fruchtfleisch in Würfeln vom Stein schneiden, die andere Hälfte in Scheiben abschneiden. Koriander kalt abbrausen und trocken schütteln. Die Blättchen von den Stängeln zupfen und fein hacken.

3. Chilischoten waschen, der Länge nach halbieren und von den Kernen befreien. Die Schoten fein hacken. Salatblätter putzen, kalt abbrausen und trocken schütteln, anschließend etwas kleiner zupfen. Die Zwiebel abziehen und in feine Ringe schneiden.

4. Joghurtbutter in einen hohen Rührbecher geben. Zitronensaft, gehackten Koriander, gehackte Chilischoten und Mangowürfel dazugeben und das Ganze mit dem Stabmixer fein pürieren. Zum Schluss mit Chiliflocken, Currypulver, Salz und weißem Pfeffer abschmecken.

5. Hähnchenbrüste schräg in schmale Scheiben schneiden. Die Bagels waagerecht halbieren.

6. Alle Bagelhälften auf den Schnittflächen mit der Mango-Butter bestreichen. Die unteren Bagelhälften jeweils mit Salat belegen. Die Mango- und Hähnchenscheiben sowie die Zwiebelringe daraufgeben. Mit den oberen Bagelhälften belegen und servieren.

AREPA
MIT RIND UND KÄSE

Für 4 Stück:

Für die Füllung:
500 g Rindfleisch zum Schmoren
1 Zwiebel
2 Knoblauchzehen
4 Tomaten
1 rote Chilischote
1 Zitrone (unbehandelt)
3 Stängel Oregano
2 EL Sonnenblumenöl
1 EL Paprikapulver edelsüß
1 EL Tomatenmark
ca. 500 ml Fleischbrühe
Salz, Pfeffer
150 g geriebener Cheddar

Für die Arepas:
ca. 120 g weißes Masarepa (vorgekochtes weißes Maismehl)
½ TL Salz
1 EL Sonnenblumenöl

Zubereitungszeit: 50 Min.

Garzeit: 4 Std.

1. Für die Füllung das Fleisch waschen, trocknen und würfeln. Zwiebel mit Knoblauch schälen und hacken. Die Tomaten einritzen, mit kochend heißem Wasser überbrühen, abschrecken und häuten. Vierteln, entkernen und würfeln.

2. Chili waschen, entkernen und hacken. Zitrone heiß waschen und trocknen, dann die Schale fein abreiben. Oregano abbrausen, trocken schütteln und Blätter hacken.

3. In einem Topf das Öl erhitzen und das Fleisch darin rundum kräftig anbraten. Zwiebel, Knoblauch und Chili 2–3 Minuten mitbraten. Paprikapulver und Tomatenmark einrühren.

4. 500 ml Brühe angießen und die Tomaten zugeben. Mit Salz, Pfeffer, Zitronenabrieb und Oregano würzen. Unter gelegentlichem Rühren ca. 4 Stunden leise schmoren, bis das Fleisch zerfällt und die Flüssigkeit eingekocht ist. Bei Bedarf Brühe ergänzen.

5. Für die Arepas 120 g Masarepa mit dem Salz vermischen. 200 ml Wasser unterrühren und zu einem glatten Teig verkneten. Bei Bedarf noch etwas Wasser oder Mehl ergänzen. Den Teig 10 Minuten ruhen lassen.

6. Aus dem Teig 4 Kugeln formen und flach drücken. Arepas in einer beschichteten Pfanne in Öl bei mittlerer Hitze auf beiden Seiten braten, bis die Brötchen beginnen zu bräunen. Ab und zu wenden und insgesamt 10–15 Minuten backen. Arepas warm halten.

7. Fleischragout nach Garzeitende abschmecken und das Fleisch mit einer Gabel zerpflücken. Arepas einschneiden und mit Ragout und Käse füllen.

Tipp

Arepas, runde Maisfladen, gehören in Kolumbien, Venezuela und Panama zu fast allen Mahlzeiten; dann dienen sie aber meist als Beilage und sind nicht gefüllt.

Masarepa, ein spezielles Arepa-Mehl, erhält man am besten in Geschäften, die lateinamerikanische Produkte führen.

GRILLSANDWICH
MIT HACKFLEISCH UND ZWIEBELKONFITÜRE

Für 8 Stück:

Für die Zwiebelkonfitüre:
3 große rote Zwiebeln
3 EL Butter
100 g Zucker
200 ml Rotwein
Salz, Pfeffer, Zimt

Für die Walnussbutter:
50 g Walnüsse
100 g Butter, weich
Salz

Für die Sandwiches:
8 große Scheiben helles Brot
2 EL Pflanzenöl

8 Scheiben Bacon
50 g Walnüsse
2 EL Ahornsirup
1 Handvoll Rucola
1 Avocado
400 g Rinderhackfleisch
6 EL Sojasoße
Pfeffer

2 TL Garam Masala
1 großes Stück Ingwer

Zubereitungszeit: 50 Min.

1. Für die Zwiebelkonfitüre Zwiebeln schälen und halbieren. Die Hälften jeweils vierteln. Die Butter in einer Pfanne zerlassen und Zwiebeln darin bei mittlerer Hitze ca. 5 Minuten dünsten. Zucker dazugeben und rühren, bis er fast geschmolzen ist.

2. Zwiebeln mit Rotwein ablöschen und 15 Minuten einköcheln lassen, bis eine sirupartige Konsistenz entstanden ist. Mit Salz, Pfeffer und Zimt abschmecken, danach abkühlen lassen.

3. Für die Walnussbutter die Walnüsse fein hacken und in einer Pfanne ohne die Zugabe von Fett kurz rösten. Die weiche Butter unterrühren und mit 1 Prise Salz abschmecken.

4. Für die Sandwiches Brotscheiben mit Öl einstreichen und in einer Grillpfanne rösten, bis sie leicht knusprig sind. Das Brot warm halten. Bacon goldgelb braten. Walnüsse in der Pfanne kurz rösten, dann in einer Schale mit Ahornsirup verrühren.

5. Rucola waschen und trocknen. Avocado halbieren, entsteinen, schälen und in Scheiben schneiden.

6. Hackfleisch in einer sauberen Pfanne ohne die Zugabe von Fett unter ständigem Rühren krümelig braten. Mit der Sojasoße ablöschen und mit Pfeffer und Garam Masala würzen. Ingwer schälen, fein hacken und unterrühren.

7. 4 Brotscheiben mit Walnussbutter bestreichen und mit Hackfleisch, Zwiebelkonfitüre, Bacon, Rucola, Avocado und Walnüssen belegen. Die übrigen gegrillten Brotscheiben darauflegen, leicht andrücken und die Sandwiches jeweils halbieren. Dann rasch servieren.

Tipp

Die Zwiebelkonfitüre lässt sich auch super vorbereiten, denn sie hält sich mehrere Tage im Kühlschrank. Dann sollte sie in ein steriles Weckglas gefüllt und anschließend fest verschlossen werden.

MAROKKANISCHER LAMMBURGER

Mit Fleisch & Co.

Für 4 Stück:

Für den Kohlsalat:
500 g Weißkohl
1 Schalotte
2 EL Weißweinessig
2 EL Olivenöl
1 TL Zucker
Harissa, Salz, Pfeffer

Für das Tomatenrelish:
8 Stängel Koriander
1 EL geschälte Pistazien
1 rote Zwiebel
1 rote Paprikaschote
2 Tomaten
1 EL Olivenöl
Saft von ½ Zitrone
1 TL brauner Zucker
Salz

Für die Burger:
4 Blätter grüner Salat
½ Zwiebel
3 EL Olivenöl
400 g Lammhackfleisch
1 Eigelb (Größe M)
1 TL Ras-el-Hanout
½ TL Gewürz-Sumach
Salz, Pfeffer
Paniermehl nach Bedarf
4 Stängel Minze
125 g Naturjoghurt
2 Datteln, entsteint
4 Burgerbrötchen

Zubereitungszeit: 1 Std.
Kühlzeit: 30 Min.

1. Für den Salat Kohl putzen, waschen, trocknen und fein hobeln. Schalotte schälen und in Streifchen schneiden. Essig, Öl, Zucker und etwas Harissa verrühren, dann salzen und pfeffern. Soße mit Kohl vermengen und abgedeckt ca. 30 Minuten kalt stellen.

2. Für das Relish Koriander abbrausen und hacken. Pistazien hacken. Zwiebel schälen und würfeln. Paprika waschen, putzen und würfeln. Tomaten waschen, entkernen und hacken.

3. Zwiebel mit Paprika in Öl anschwitzen. Tomaten 2–3 Minuten mitdünsten. Vom Herd ziehen und Pistazien, Koriander, Zitronensaft und Zucker einrühren. Salzen und auskühlen lassen.

4. Für die Burger Salat waschen und trocknen. Zwiebel schälen, hacken, in 1 EL Öl anschwitzen, dann abkühlen lassen. Hackfleisch und Eigelb zugeben und mit Ras-el-Hanout und Sumach vermengen. Salzen und pfeffern. So viel Paniermehl zugeben, dass eine formbare Masse entsteht. 4 Patties formen.

5. Minze waschen, hacken und mit dem Joghurt verrühren. Datteln klein schneiden. Übriges Öl in einer Pfanne erhitzen und Patties darin ca. 5 Minuten auf jeder Seite braten.

6. Brötchen aufschneiden und rösten. Auf die Unterseiten Salat, Fleisch und Relish geben. Kohlsalat, Joghurt und Datteln auflegen. Die oberen Brötchenhälften auflegen.

Tipp

Ras-el-Hanout und Gewürz-Sumach machen aus diesem Burger einen wahren Orient-Star. Ras-el-Hanout schmeckt würzig bis scharf und enthält bis zu 25 verschiedene Zutaten. Hauptbestandteile sind Ingwer, Kardamom, Kurkuma, Muskatnuss, Nelke, Paprika, Piment, Pfeffer und Zimt. Gewürz-Sumach gibt dem Ganzen eine leicht säuerliche Note.

Mit Fleisch & Co.

CHEDDAR-BACON-SANDWICH
MIT ROTE-BETE-CHIPS

Für 8 Stück:

320 g Bacon in Scheiben
4 Knollen Rote Bete
Salz
Pfeffer aus der Mühle
etwas Rucola
8 Scheiben Sandwichtoast
4 EL Mayonnaise
8 Scheiben Cheddar

Zubereitungszeit:
25 Min.

Backzeit:
28 Min.

1. Ofen auf 200 Grad Ober- und Unterhitze (180 Grad Umluft) vorheizen. Den Bacon auf dem Backofenrost verteilen, in den Ofen schieben und eine Fettpfanne unter den Rost schieben. Ca. 10 Minuten im Ofen lassen, bis der Bacon zu bräunen beginnt. Den Bacon aus dem Backofen nehmen und etwas abkühlen lassen.

2. Den Backofen auf 150 Grad Umluft einstellen. Rote Bete schälen und auf einer Küchenreibe in dünne Scheiben hobeln; beim Verarbeiten der Roten Bete sollten unbedingt Küchenhandschuhe getragen werden, da die Knollen sehr stark färben.

3. Den Ofenrost mit Backpapier belegen und die Rote-Bete-Scheiben darauf verteilen; sie sollen dabei nicht überlappen. Mit Salz und frisch gemahlenem Pfeffer würzen. Dann auf der mittleren Schiene ca. 18 Minuten backen, bis die Chips trocken sind und anfangen zu bräunen.

4. Rucola waschen und trocken tupfen. Die Brotscheiben toasten und jeweils auf einer Seite mit Mayonnaise bestreichen. Auf 4 Scheiben je 1 Scheibe Cheddar geben. Auf die mit Käse belegten Brotscheiben Rucola und Bacon verteilen.

5. Den übrigen Käse daraufgeben, mit den restlichen Toastscheiben belegen und leicht andrücken. Die Sandwiches jeweils diagonal halbieren und zusammen mit den Rote-Bete-Chips servieren.

Tipp

Selbstverständlich lässt sich der Bacon auch in der Pfanne zubereiten. Die sollte beschichtet sein, dann benötigt man kein zusätzliches Fett.

Mit Fleisch & Co.

THAI-CHICKEN-BURGER
MIT GEGRILLTER ANANAS

Für 8 Stück:

2 Hähnchenbrüste (ca. 400 g)
2 Frühlingszwiebeln
2 Pak Choi
Saft von 1 Limette
Salz
210 g Joghurtalternative natur mit Kokosnuss
1 TL rote Thai-Currypaste
1 Ei (Größe S)
3 EL Kokosflocken
½ rote Peperoni
½ Ananas
neutrales Öl zum Grillen
8 kleine Burgerbrötchen

Zubereitungszeit: 45 Min.

1. Hähnchenbrüste kalt abbrausen und mit Küchenpapier trocken tupfen, dann mit dem Messer fein hacken oder durch den Fleischwolf drehen. Frühlingszwiebeln waschen, putzen und in feine Ringe schneiden.

2. Pak Choi waschen, trocken tupfen und etwas kleiner schneiden. Dann mit der Hälfte des Limettensafts und 1 Prise Salz vermengen.

3. Das Hähnchen mit 100 g Joghurtalternative, roter Thai-Currypaste, Frühlingszwiebeln, Ei und Kokosflocken vermengen. Mit Salz würzen und das Ganze ca. 10 Minuten kalt stellen.

4. In der Zwischenzeit für die Burgersoße die Peperoni waschen, putzen und fein hacken. Peperoni mit der übrigen Joghurtalternative verrühren und mit Salz und dem übrigen Limettensaft abschmecken.

5. Die Ananas schälen und in 8 Scheiben schneiden. Eine Grillpfanne heiß werden lassen, wenig Öl zugeben und die Ananas darin von beiden Seiten grillen. Anschließend beiseitestellen und warm halten.

6. Aus der Hähnchenmasse 8 Patties formen. Wenig Öl in die Grillpfanne geben, heiß werden lassen und das Fleisch darin von beiden Seiten grillen, bis es gar, aber immer noch saftig ist.

7. Burgerbrötchen halbieren und die Schnittflächen mit der vorbereiteten Burgersoße bestreichen. Die Patties auf die unteren Brötchenhälften setzen und hierauf den marinierten Pak Choi verteilen. Die gegrillte Ananas daraufgeben und die oberen Brötchenhälften aufsetzen. Leicht andrücken und dann die Burger servieren.

SÜSSKARTOFFEL-SCHINKEN-CROQUE

Für 4 Stück:

2 große Süßkartoffeln (ca. 400 g)
Salz
Pfeffer aus der Mühle
1 Ei (Größe M)
2 EL Mehl (Type 405)
5 EL Paniermehl
2 EL Sonnenblumenöl
100 g Salatmayonnaise
2 TL Dijonsenf
50 g Brunnenkresse
1 Baguette (ca. 300 g)
100 g französischer luftgetrockneter Schinken in dünnen Scheiben

Zubereitungszeit: 30 Min.

1. Die Süßkartoffeln schälen und der Länge nach in ca. 5 mm dicke Scheiben schneiden. In einen Topf mit leicht gesalzenem Wasser geben und aufkochen. Süßkartoffeln ca. 2 Minuten vorgaren.

2. Die Süßkartoffelscheiben abgießen und auf Küchenpapier abtropfen lassen. Die Scheiben von beiden Seiten mit Salz und frisch gemahlenem Pfeffer würzen.

3. Das Ei in einen tiefen Teller geben und verquirlen. Mehl und Paniermehl getrennt voneinander ebenfalls in tiefe Teller geben. Süßkartoffelscheiben zuerst im Mehl, dann im Ei und zum Schluss im Paniermehl wenden.

4. Öl in einer großen Pfanne erhitzen und die Süßkartoffeln darin rundum 5–7 Minuten goldbraun braten. Danach herausheben und abkühlen lassen.

5. Für die Dijon-Creme Salatmayonnaise und Senf verrühren. Brunnenkresse abbrausen und trocken tupfen. Das Baguette in 4 gleich große Stücke schneiden und diese jeweils waagerecht aufschneiden.

6. Dijon-Creme auf die Schnittflächen der Brote streichen. Die unteren Hälften jeweils mit Süßkartoffeln, Schinken und Brunnenkresse belegen. Dann die oberen Baguettestücke daraufsetzen und leicht andrücken.

Tipp
Als Croque bezeichnet man in Frankreich ganz allgemein Sandwiches.

PULLED-PORK-SANDWICH

Für 4 Stück:

Für das Fleisch:
- 1/2 TL bunte Pfefferkörner
- 1/2 TL Knoblauchgranulat
- 1 EL brauner Zucker
- 1 EL grobes Meersalz
- 1 EL Paprikapulver edelsüß
- 1/2 TL Cayennepfeffer
- 1 1/2 kg Schweinenacken
- ca. 150 ml Apfelsaft
- ca. 100 ml Fleischbrühe
- 1 EL Barbecuesoße

Für die Senfsoße:
- 4 EL Olivenöl
- 1 EL mittelscharfer Senf
- 1 TL Dijonsenf
- 1 EL Zitronensaft
- Salz
- Pfeffer aus der Mühle

Außerdem:
- 100 g Feta
- 6 Stängel Basilikum
- 4 Baguettebrötchen

Zubereitungszeit: 40 Min.
Marinierzeit: 12 Std.
Garzeit: 8 Std.

1. Für das Fleisch Pfefferkörner und Knoblauchgranulat im Mörser zerstoßen. Mit Zucker, Salz, Paprika und Cayennepfeffer vermengen. Fleisch abbrausen und trocken tupfen. Mit der Gewürzmischung rundum gründlich einreiben. Abgedeckt ca. 12 Stunden im Kühlschrank marinieren lassen.

2. Nach Ende der Marinierzeit das Fleisch aus dem Kühlschrank nehmen, damit es vor der Weiterverarbeitung Raumtemperatur bekommt. Inzwischen den Ofen auf 130 Grad Ober- und Unterhitze (110 Grad Umluft) vorheizen.

3. 150 ml Apfelsaft mit 100 ml Fleischbrühe in eine Bratreine geben. Das Fleisch hineinlegen und in den Ofen schieben. Ein Fleischthermometer in die Mitte des Fleisches stecken und ca. 7 Stunden garen.

4. Während das Fleisch gart, ab und zu mit Brühe übergießen. Nach Bedarf noch Flüssigkeit zugießen. Das Fleisch ist fertig, wenn es eine Kerntemperatur von ca. 90 Grad hat. Dann aus dem Ofen nehmen und in Alufolie gewickelt ca. 1 Stunde warm halten. Den Sud in der Reine mit der Barbecuesoße verrühren und ebenfalls warm halten.

5. Den Braten aus der Folie nehmen und das Fleisch zerpflücken. Mit der Soße in der Reine vermengen und kurz ziehen lassen.

6. Für die Senfsoße Öl mit beiden Senfsorten und Zitronensaft verrühren, dann salzen und pfeffern. Feta würfeln. Basilikum abbrausen, trocknen und die Blättchen abzupfen. Brötchen halbieren.

7. Fleisch mit dem Basilikum auf den Unterseiten der Baguettes verteilen und mit der Senfsoße beträufeln. Den Feta darüber verteilen und mit den oberen Baguettehälften belegen.

Mit Fleisch & Co.

ROASTBEEF-SANDWICH

Für 4 Stück:

500 g Roastbeef, küchenfertig pariert
Salz
Pfeffer aus der Mühle
2 EL Rapsöl
1 rote Zwiebel
2 Handvoll Brunnenkresse
1 große Birne
2 EL Butter
1 EL Zucker
1 Baguette
125 g Gorgonzola

Zubereitungszeit:
40 Min.
Garzeit:
55 Min.

1. Den Backofen auf 140 Grad Ober- und Unterhitze vorheizen. Das Roastbeef mit kaltem Wasser abbrausen und mit Küchenpapier trocken tupfen. Rundum mit Salz und frisch gemahlenem Pfeffer würzen.

2. In einer großen Pfanne das Öl erhitzen und das Fleisch darin rundum braun anbraten. Den Ofenrost über eine Fettpfanne setzen und das Fleisch daraufgeben. In den heißen Ofen schieben und das Rostbeef ca. 40 Minuten garen, bis es eine Kerntemperatur von ca. 55 Grad hat; dann ist es innen rosa.

3. Das Fleisch nach Ende der Garzeit aus dem Ofen nehmen und auf dem Gitter abkühlen lassen. Anschließend in Alufolie wickeln und auskühlen lassen.

4. Den Backofen auf 220 Grad Oberhitze vorheizen. Zwiebel schälen und in dünne Ringe schneiden. Brunnenkresse waschen und trocken tupfen. Die Birne waschen, trocken reiben und vierteln, das Kerngehäuse entfernen und die Birne klein würfeln.

5. 1 EL Butter in einer Pfanne erhitzen und die Zwiebel darin in 3–4 Minuten farblos anschwitzen, dann vom Herd nehmen. Übrige Butter in einem Topf erhitzen. Zucker einstreuen und die Birne darin in ca. 5 Minuten weich dünsten.

6. Das Baguette in 4 Stücke schneiden und jeweils längs auf-, aber nicht ganz durchschneiden. Gorgonzola würfeln. Birne und Käse in die Baguettes geben und mit Salz und Pfeffer würzen. Geöffnet auf den Ofenrost legen und die Brote ca. 4 Minuten überbacken, bis der Käse schmilzt.

7. Roastbeef in sehr dünne Scheiben schneiden. Mit Brunnenkresse und Zwiebel in die Baguettes füllen, Sandwiches zusammenklappen und servieren.

SLOPPY JOE

Für 4 Stück:

1 große rote Zwiebel
2 EL Sonnenblumenöl
400 g gemischtes Hackfleisch
2 TL brauner Zucker
1 EL Weißweinessig
225 g Tomatenketchup
1 EL mittelscharfer Senf
Salz
Pfeffer aus der Mühle
1 Möhre
100 g Knollensellerie
4 Burgerbrötchen

Zubereitungszeit:
30 Min.

Garzeit:
20 Min.

1. Die Zwiebel schälen und die Hälfte in feine Würfel schneiden. Die übrige Zwiebelhälfte in sehr feine Streifen schneiden und zur Seite legen.

2. Das Öl in eine große Pfanne geben und erhitzen. Die Zwiebelwürfel mit dem Hackfleisch zugeben und unter Rühren braun und krümelig braten. Braunen Zucker, Weißweinessig, Ketchup und Senf dazugeben und unterrühren.

3. Das Fleisch mit Salz und frisch gemahlenem Pfeffer würzen. Ohne Deckel bei mittlerer Hitze ca. 20 Minuten schmoren lassen, dabei ab und zu umrühren.

4. Möhre und Sellerie schälen und beides in feine Stifte schneiden. Mit den Zwiebelstreifen vermengen.

5. Die Brötchen halbieren. Die Fleischsoße nach Ende der Garzeit abschmecken und auf den unteren Hälften der Brötchen verteilen. Rohkost daraufgeben und die oberen Brötchenhälften auflegen. Dann Sloppy Joe servieren.

Tipp

Wer einen Fleischwolf zu Hause hat, kann für die Sloppy Joes auch Putenbrust nehmen und diese dann fein zerkleinern.

Beim Anrichten darauf achten, dass nicht zu viel Flüssigkeit vom Fleisch auf die Brötchen kommt, sonst weichen sie zu schnell durch.

VITELLO FORELLO

Für 8 Stück:

2 Zwiebeln
1 Knoblauchzehe
1 kg Kalbstafelspitz
1 Zitrone (unbehandelt)
2 Lorbeerblätter
Salz
Pfeffer aus der Mühle
200 g geräuchertes Forellenfilet
150 g Crème fraîche
100 g Mayonnaise
1 TL Dijonsenf
Worcestersoße
4 Stangen Sellerie
100 g junger Pflücksalat
80 ml Olivenöl
2 EL Kapern
8 Vinschgerl (alternativ kleine Fladenbrote)

Zubereitungszeit:
50 Min.

Garzeit:
45 Min.

Abkühlzeit:
1 Std.

1. Zwiebeln und Knoblauch gründlich waschen und jeweils ungeschält halbieren. Kalbstafelspitz waschen und trocken tupfen. Die Zitrone heiß waschen, trocken reiben und 2 dünne Scheiben abschneiden. Die übrige Zitrone auspressen.

2. Zwiebeln und Knoblauch mit den Lorbeerblättern in einen großen Topf geben. Ca. 1 $\frac{1}{2}$ l Wasser zugießen und zum Kochen bringen. Die Zitronenscheiben mit 1 TL Salz und etwas Pfeffer zum Sud geben.

3. Das Fleisch in den Sud einlegen und abgedeckt auf kleinster Stufe ca. 45 Minuten knapp unter dem Siedepunkt garen. Anschließend vom Herd nehmen und den Sud in ca. 1 Stunde auskühlen lassen.

4. Forelle bei Bedarf noch von Haut und Gräten befreien, anschließend mit 2–3 EL vom Kochsud fein pürieren. Crème fraîche, Mayonnaise und Senf unterrühren und die Soße mit Salz, frisch gemahlenem Pfeffer, 1–2 EL Zitronensaft und Worcestersoße abschmecken. Bis zur Verwendung abgedeckt kalt stellen.

5. Den Sellerie waschen, putzen und in feine Streifen schneiden. Pflücksalat waschen und trocken tupfen. Verlesen und bei Bedarf etwas kleiner zupfen. Für das Dressing 4 EL Olivenöl und 1 $\frac{1}{2}$ EL Zitronensaft verquirlen und mit Salz und frisch gemahlenem Pfeffer abschmecken.

6. Das Fleisch aus dem Sud heben und in hauchdünne Scheiben schneiden. Die Kapern abtropfen lassen und im übrigen Olivenöl in einer Pfanne knusprig braten. Auf Küchenpapier entfetten lassen.

7. Die Brötchen aufschneiden. Pflücksalat und Sellerie mit dem Dressing vermengen und mit Fleisch, Forellensoße und Kapern in die Brote füllen.

Mit Fleisch & Co.

CURRY-MANGO-SANDWICH
MIT HÄHNCHEN

Für 4 Stück:

150 g Hähnchenbrustfilet
1 Stange Sellerie
1 kleine rote Zwiebel
1 Mango
90 g Walnüsse
1 EL Limettensaft, frisch gepresst
4 EL Mayonnaise
$\frac{1}{2}$ TL Currypulver
Salz
Pfeffer aus der Mühle
Cayennepfeffer
6 Stängel Koriander oder 4 grüne Salatblätter
4 große Scheiben Bauernbrot

Zubereitungszeit:
30 Min.

Garzeit:
20 Min.

1. Hähnchenbrust waschen. Dann in einen Topf geben, mit Wasser bedecken und aufkochen. Sobald das Wasser kocht, die Hitze reduzieren und das Fleisch in ca. 20 Minuten gar ziehen lassen. Danach aus dem Wasser heben und abtropfen lassen.

2. Sellerie waschen, putzen und in kleine Würfel schneiden. Zwiebel abziehen und fein hacken. Mango schälen, vom Stein befreien und das Fruchtfleisch dann in Würfel schneiden.

3. Die Walnüsse ohne die Zugabe von Fett in eine beschichtete Pfanne geben und kurz rösten. Danach auskühlen lassen und hacken. Die Hähnchenbrust in kleine Würfel schneiden.

4. Sellerie mit Zwiebel, Mango, Nüssen und Hühnchen vermengen. Limettensaft, 2 EL Mayonnaise und Currypulver unterrühren und das Ganze mit Salz, frisch gemahlenem Pfeffer und Cayennepfeffer würzig abschmecken.

5. Koriander oder Salat kalt abbrausen und trocken tupfen. Die Korianderblättchen von den Stängeln zupfen. Die Brotscheiben toasten.

6. 2 Brotscheiben dünn mit der übrigen Mayonnaise bestreichen und mit Korianderblättchen bestreuen oder mit Salatblättern belegen. Hähnchenmischung darauf verteilen.

7. Die übrigen Brotscheiben darauflegen und leicht andrücken. Die Sandwiches halbieren und dann servieren.

Tipp

Wer auf Mayonnaise verzichten will, ersetzt sie ganz oder teilweise durch Naturjoghurt.

FRUCHTIGER BURGER MIT KRAUTSALAT

Mit Fleisch & Co.

Abb. Seite 113

Für 4 Stück:

250 g Weißkohl
150 g Rotkohl
150 g Möhren
4 EL Salatmayonnaise
4 EL Naturjoghurt
6 EL Milch
2 EL Weißweinessig
1 TL Zucker
Salz
Pfeffer aus der Mühle
60 g getrocknete Cranberrys
500 g Rinderhackfleisch
4 Burgerbrötchen
150 g Mangofruchtfleisch, geschält
1 Romanasalatherz
2 EL Olivenöl

Zubereitungszeit:
45 Min.

Zieh- und Kühlzeit:
20 Min.

1. Weiß- und Rotkohl putzen und dabei die festen Blattstrünke entfernen. Dann waschen und trocken tupfen. Die Blätter in feine Streifen schneiden. Möhren putzen, schälen, raspeln und zum Kohl geben. Das Ganze kurz durchkneten.

2. Mayonnaise mit Joghurt, Milch, Essig und Zucker glatt verrühren. Die Soße mit Salz und frisch gemahlenem Pfeffer abschmecken. Kohl und Möhren mit den Händen ausdrücken, mit Cranberrys und der Soße mischen und abgedeckt ca. 20 Minuten ziehen lassen.

3. Inzwischen das Hackfleisch mit Salz und Pfeffer würzen. In 4 Portionen teilen und mit feuchten Händen zu jeweils $1\frac{1}{2}$ cm dicken Patties formen. Auf Backpapier legen und das Fleisch 15 Minuten im Gefrierschrank anfrieren lassen.

4. Das Mangofruchtfleisch in Scheiben schneiden. Romanasalat putzen, mit kaltem Wasser abbrausen und trocken tupfen.

5. Ofen auf 180 Grad Ober- und Unterhitze (160 Grad Umluft) vorheizen. Die Brötchen waagerecht halbieren und im heißen Backofen kurz aufbacken.

6. Patties aus dem Gefrierschrank nehmen und rundherum mit etwas Olivenöl einstreichen. Eine beschichtete Pfanne erhitzen und das Fleisch darin von jeder Seite 3–4 Minuten braten.

7. Die unteren Brötchenhälften mit der Hälfte von Krautsalat und Mango sowie mit Salatblättern belegen. Patties daraufsetzen und den übrigen Krautsalat mit der restlichen Mango darauf verteilen. Obere Brötchenhälften aufsetzen und die Burger servieren.

REGISTER

A
Arepa mit Rind und Käse 120

B
Bagel mit Feigen und Käse 82
Bagel mit Forelle und Shisokresse 98
Bagel mit Hähnchen und Mango 118
Bagel mit Makrelenmousse 88
Bagels 20
Baguette 18
Baguettesandwich mit Schwertfisch 112
Bánh mì 52
Barbecuesoße 30
Basilikumpesto 106
Burger mit Krautsalat, fruchtiger 142
Burger mit Skrei 100
Burgerbrötchen, raffinierte 22

C
Caesar Sandwich, veganes 78
Cheddar-Bacon-Sandwich mit Rote-Bete-Chips 126
Cheeseburger 36
Chicken Po Boy 44
Club Sandwich mit Spiegelei 54
Cocktailsoße 26
Cracker-Sandwich, veganes 84
Croque Monsieur 58
Curry-Mango-Sandwich mit Hähnchen 140

D
Döner Kebab mit Krautsalat 42
Döner mit Linsen-Mozzarella-Füllung 76

F
Falafel im Fladenbrot mit Hummus 60
Fischstäbchen-Hotdog 104
Fladenbrot mit Grillgemüse und mariniertem Mozzarella 68
French Toast mit Kräuterfüllung 70
Fruchtiger Burger mit Krautsalat 142

G
Grillsandwich mit Hackfleisch und Zwiebelkonfitüre 122
Gua Bao 56
Guacamole 26

H
Hähnchen-Panini mit Mimolette 116
Hotdog 34
Hummersandwich 108

K
Ketchup 24
Krabbentoast 102

L
Lachssandwich mit Frischkäsecreme 110
Lammburger, marokkanischer 124
Lord Lachs 90

M
Marokkanischer Lammburger 124
Mayonnaise 28
Mediterranes Thunfisch-Sandwich 106
Mexican-Burger, veganer 66
Mexikanische Torta 48
Muffuletta 50

P
Pan Bagnat 38
Pesto, veganes 85

Pita-Burger mit
Thunfischtatar 92

Pulled-Pork-Sandwich 132

R

Raffinierte
Burgerbrötchen 22

Remoulade 28

Reuben-Sandwich mit
Pute 40

Roastbeef-Sandwich 134

S

Sandwichbrot 16

Sandwich mit Eiersalat 64

Sandwich mit gegrilltem
Gemüse 62

Sandwich mit mediterranem
Getreide-Oliven-Bratling .. 86

Seitan-Döner, veganer 72

Sloppy Joe 136

Süßkartoffel-Schinken-
Croque 130

T

Thai-Chickenburger mit
gegrillter Ananas 128

Thai-Hotdog mit
Shrimpssalat 94

Thunfisch-Sandwich,
mediterranes 106

Toast Helgoland 102

Toast mit Portobello-Pilz
und Blauschimmelkäse 80

Tomatensalsa 32

Tomatensandwich mit
Schinken und Schafskäse .. 114

Torta, mexikanische 48

Tramezzini al tonno 46

Tramezzini mit
Parmaschinken und
getrockneten Tomaten 46

V

Veganer Mexican-
Burger 66

Veganer Seitan-
Döner 72

Veganes Caesar
Sandwich 78

Veganes Cracker-
Sandwich 84

Veganes Pesto 85

Vitalsandwich mit
Avocado 74

Vitello Forello 138

W

Weißkohlsandwich mit
Hering und Bacon 96

BILDNACHWEIS

Alpro: 67, 83, 129; California Walnut Commission: 63, 75, 123, 141; Cranberry Marketing Committee: 113; Einenkel/Bassermann Verlag 33; www.fischausnorwegen.de: 91, 101; www.fotolia.de: Monkey Business 17, Jiri Hera 21, irrez 25, Brebca 27, Christian Jung 29, notkoo2008 (Illustrationen) 16, 18, 20, 22, 24, 26, 28, 30, 34, 36, 38, 40, 42, 44, 48, 50, 52, 54, 56, 58, 60, 62, 64, 66, 68, 70, 72, 74, 76, 78, 80, 82, 84, 88, 90, 92, 94, 96, 98, 100, 102, 104, 106, 108, 110, 112, 114, 116, 118, 120, 124, 126, 128, 130, 132, 134, 136, 138, 140, 142; Jessen/Südwest Verlag: 79, 119; Newedel/Bassermann Verlag: 97; North Carolina SweetPotatoe Commission: 131; Photocuisine: 23, 111, 127; www.shutterstock.de: Szantai Istvan (Hinterlegung Wand auf allen Seiten), Foxy's Forest Manufacture 4, 10 oben und 19, lidante 5, Alena Haurylik 6 oben und 37, Steve Cukrov 6 unten, AlenaNex 7, Mariemily Photos 8, Brent Hofacker 9 oben, Erika Cross 9 unten, Giovanni Boscherino 10 unten, Ekaterina Kondratova 11 oben, Gorenkova Evgenija 11 unten, Katerina Belaya 12, Africa Studio 13 links, locrifa 13 rechts, ILEISH ANNA 14, Amallia Eka 15, Stephanie Frey 31, smartfoto 59; StockFood: 35, 39, 41, 43, 45, 47, 49, 51, 53, 55, 57, 61, 65, 69, 71, 73, 77, 81, 85, 87, 89, 93, 95, 99, 103, 105, 107, 109, 115, 117, 121, 125, 133, 135, 137, 139